摩訶毗盧遮那佛

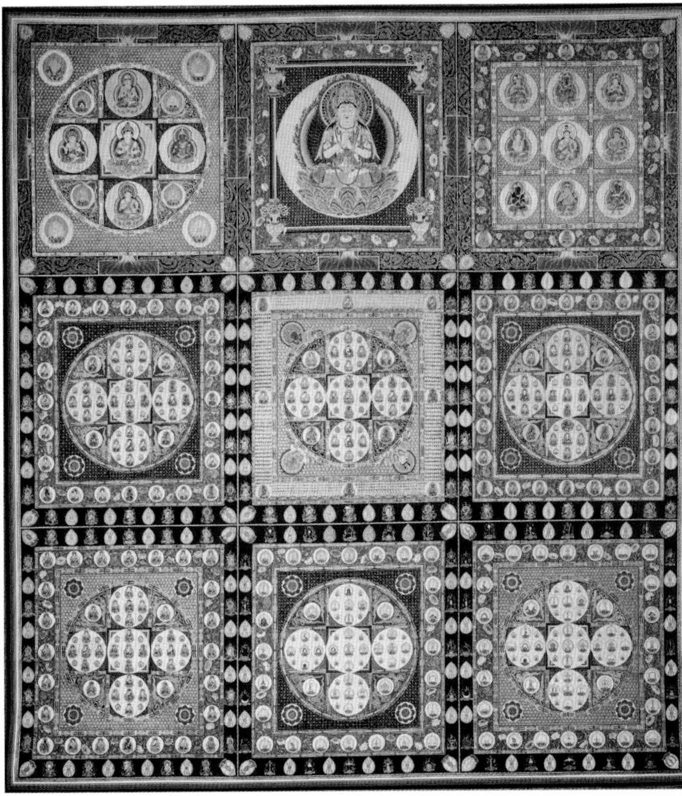

金剛界曼荼羅

胎藏界曼荼羅

日本佛教真言宗高野山派金剛峰寺中院流第五十四世傳法大阿闍梨
中國佛教真言宗五智山光明王寺光明流第一代傳燈大阿闍梨

悟光上師法相

真言宗本尊法30日談

玄覺

「智理文化」系列宗旨

「智理」明言

中華智慧對現代的人類精神生活，漸漸已失去影響力。現代人，大多是信仰科學而成為無視中華智慧者，所以才沒有辦法正視中華智慧的本質，這也正正是現代人空虛、不安，以及心智貧乏的根源。

有見及此，我們希望透過建立「智理文化」系列，從而在「讓中華智慧恢復、積極改造人性」這使命的最基礎部分作出貢獻：「智理文化」系列必會以正智、真理的立場，深入中華智慧的各個領域，為現代人提供不可不讀的好書、中華智慧典範的著作。這樣才有辦法推動人類的進步。我們所出版的書籍，必定都是嚴謹、粹實、繼承中華智慧的作品；絕不是一時嘩眾取寵的流行性作品。

何以名為「智理文化」？

佛家說：「無漏之正『智』，能契合於所緣之真『理』，謂之證。」這正正道出中華智慧是一種「提升人類之心智以契合於真理」的實證活動。唯有實證了「以心智契合於真理」，方能顯示人的生活實能超越一己的封限而具有無限擴展延伸的意義。這種能指向無限的特質，便是中華智慧真正的價值所在。

至於「文化」二字，乃是「人文化成」一語的縮寫。《周易●賁卦●彖傳》說：「剛柔交錯，天文也；文明以止，人文也。觀乎天文，以察時變，觀乎人『文』，以『化』成天下。」可見人之為人，其要旨皆在「文」、「化」二字。

《易傳》說：「文不當故，吉凶生焉！」天下國家，以文成其治。所以，「智理文化」絕對不出版與「智」、「理」、「文」、「化」無關痛癢的書籍，更不出版有害於人類，悖乎「心智契合於真理」本旨的書籍。

由於我們出版經驗之不足，唯有希望在實踐中，能夠不斷地累積行動智慧。更加希望社會各界的朋友，能夠給我們支持，多提寶貴意見。最重要的是，我們衷心期待與各界朋友能夠有不同形式的合作與互動。

「智理文化」編委會

張惠能博士
(覺慧、玄覺大阿闍梨)介紹：

香港中華密教學會會長
中華智慧管理學會會長

香港大學畢業和任教。修讀電腦科學，三十年來專門研究人工智能，在國際期刊及會議上發表了五十多篇論文，並於香港大學專業進修學院主管及教授電腦創新科技課程，當中包括：大數據分析、雲端運算、電腦鑑證、物聯網、人工智能革命、區塊鏈科技革命等，多年來培育創新科技人材眾多。

另一方面，會長自幼深入鑽研中西文化、佛法及易理。廿多年來潛心禪觀、念佛及修密，並自2007年春開始不間斷地在學會、學院、及各大學教授禪觀、念佛及正純密法。會長乃皈依「中國佛教真言宗光明流」徹鴻法師，體悟真言宗秘密印心之真髓，獲授「中國佛教真言宗光明流」大阿闍梨之秘密灌頂，傳承正純密教血脈，弘揚正純密教「即身成佛」之法，教人「神變加持」，同行佛行，齊見佛世。

張惠能博士佛經系列著作：
《壇經禪心》、《楞伽佛心》、《圓覺禪心》、《楞嚴禪心》、《楞嚴禪觀》、《金剛經禪心》、《維摩清淨心》、《藥師妙藥》、《彌陀極樂》、《大日經 住心品》、《地藏十輪經》、《真言宗三十日談》、《金剛經密説》。

張惠能博士「易經系列」著作：
《周易點睛》、《易經成功學》、《推背圖國運預測學》。

一事一法一經一尊

張惠能博士　專訪

撰自《溫暖人間　第458期》

張惠能博士，香港大學畢業和任教，修讀電腦科學及專門研究人工智能。少年時熱愛鑽研中西文化、佛法及易理。廿多年來潛心禪觀、念佛及修密，並自2007年開始講經說法。宿緣所追，今復皈依「中國佛教真言宗光明流」徹鴻法師，體得了秘密印心之法，獲授密教大阿闍梨之秘密灌頂，感受到傳承血脈的加持，遂發心廣弘佛法，以救度眾生。

真言密教為唐代佛教主要宗派之一，是正純的密宗，非得文為貴，旨在以心傳心，故特別重視傳承。本自唐武宗之滅佛絕傳於中國，已流佈日本達千餘年，並由當代中國高僧悟光法師於一九七一年東渡日本

求法，得授「傳法大阿闍梨灌頂」，得其傳承血脈，大法始而回歸中國。張惠能説，真正具備傳承大阿闍梨資格的，每個朝代應説不會多於十數人，所以每位傳法人都很重要，「因為一停下來，此久已垂絕之珍秘密法之傳承血脈就會斷，這樣令我有更大的弘法利生之使命感。」

多年前，《溫暖人間》的同事已有幸聽過張惠能博士講經，滔滔法語，辯才無礙，其後博士贈送了他當其時新著的《圓覺禪心》給我們，雜誌社從此又多了一套具份量的經書。今年，因緣成熟，《溫暖人間》終於邀請到張博士為我們主持講座，題目是「佛説成佛」：成佛？會不會太遙遠？

成佛觀：找到心中的寧靜

「這就是很多人的誤解，人人也覺得自己沒可能成佛，沒可能修學好一本佛經。其實每個人也能即身成佛，只要有方法、有工具、有目標。」畢竟佛陀未成佛之前也是普通人。「什麼是佛法？佛法讓人心裡平安，心無畏懼，不會生起妄想，恐懼未來。成佛觀念的力量是很不可思議的。當你不斷想着一件事，業力就會越來越強；所以加強成佛的念頭，想像自己就是佛菩薩的化身、是觀音的化身，想像大家一起做觀音、現前就是『普門諸身』，透過念念想像，人生從此截然不同。」這幾年香港社會人心動盪，情緒難以釋放，成佛觀其實就是根本的善念，如果大家把心安住在這根本善念上，就能找到永恆的寧靜安定。

張惠能博士說，他在講座裡會介紹禪、淨、密的成佛觀，「成佛觀可以修正我們的心，只要你進入這個思想模式，你就可以感受佛陀的慈悲力量，譬如能以阿彌陀佛的四十八大願思維去經驗無量光、無量壽。因為當佛的思想有如阿彌陀佛，佛就進入極樂世界。我們稱之謂淨土宗的成佛觀，就是想你進入阿彌陀佛的無量光、無量壽世界，體驗這種不可說的力量。」

張博士講經已十年多，《六祖壇經》、《金剛經》、《楞伽經》、《阿彌陀經》、《妙法蓮花經》、《大日經》已說得透徹熟練，回想當初，他是怎樣開始弘法之路？

一事一法一經一尊

「我的人生分為四個階段，用八個字歸納：『一事、一法、一經、一尊』。佛法說生命是永遠無限生的，每個人一生都有必然要完成的目標，稱為『唯一大事』或簡稱『一事』。特別對尋道人來說，目標都很清晰，所以認識到『一事』是第一個階段。」張惠能說，童年時候他對真理已經十分嚮往，整天拿着聖經鑽研，常夢想做神父，其他小朋友打架，他會上前講道理勸和。中學特別熱愛Pure Maths和Physics，因為是當時所有學科中「真理性」最高最玄妙的，及後考上香港大學，畢業後博士研究的項目是「人工智能」，因為可以天天研究人類思考、智慧和心靈的問題，也涉獵很多中西方哲學，包括佛法。

「當時我取得了人工智能PhD，很輕易便開始在港大任教，但對於人生目標，亦即這『一事』的追尋，卻很迷茫。雖然我讀過了很多很多有關東西方哲學、存在主義、易經，甚至各種禪門公案的書，但心靈都是得不到平安。」**當張惠能對尋找人生真理充滿絕望，極度迷失的時候，另一扇門就開了。「有天逛書店，突然看見一本叫《歎異鈔》的書，副題是『絕望的呼喚』，這幾個字正中下懷，完全反映自己當時的心境，這本書是我人生轉捩點的契機，讓我進入了人生的第二個階段：真正修行『一法』。」《歎異鈔》為「淨土真宗」重要經典，是日僧唯圓撰錄了親鸞聖人關於「信心念佛」的語錄，張惠能視之為「念佛最高指南」。**

「這書開啟了我的信心念佛人生，一念就十多年，直至信心決定、平生業成。我因為信心念佛而得到絕對安心。所以如果沒有『一法』的真正體驗，你永遠不知其好處。其實佛法修行就好像我們去餐廳吃飯，餐廳有中西泰日韓等不同種類，也有不同級數，有快餐，也有五星級酒店中最高級的餐廳，不同人有不同喜好，這就像佛法中有八萬四千法門，不同宗派有不同的方法，好比不同的餐廳有不同的料理一樣，但大家都是同一目的：成佛。所以我們不論修任何法，都應該互相尊重，毋須比較，鹹魚青菜，各有所愛。同一道理，不論是什麼宗教流派，大家也都是在尋找真理道上的同路中人，要互相尊重而非批評比較，建立這正確態度是十分重要。」

單說不飽 實修證入

念佛法門是張惠能的「一法」。「修行是很簡單的事，好像心靈肚餓，修完之後就感到滿足舒服，輕安自在。**當你吃飽了，煩惱沒有了，你就感受到幸福，這信心念佛境界已經是往生淨土，一息一佛號已到達光明的極樂世界。對我來說，信心念佛會把悲傷和眼淚吸收，帶給我一份終極安心，**

煩惱都脫落。如果你念佛是越念越煩惱越恐懼未能往生淨土的話，就不是真正的信心念佛。禪宗叫修行為『大安心法門』，安心才可相應佛陀所說的。」

為什麼「一法」那麼重要？張惠能坦言，所有佛經都說方法，「看破放下自在大家也會說，可是說易做難，不要說人生大事，就算平常如有人用行李輾過你的腳，你已經不能放下怒火；的士司機找少了十元給你，你可能半天心不爽快了；你最親密的人說你是垃圾，你立即崩潰。要看破、放下真是很難，所以『一法』好重要。」

「一法」之後，人生第三個階段就是「一經」，敦煌原本《六祖壇經》是張惠能讀通了的第一本經。張惠能說單是這部經，他就看了十年，「我不斷去讀，一百次、一千次、一萬次，讀至每個文字都充滿喜悅，讀得多了，經文慢慢開花變成你的心法，從《壇經》我認識到自性的道理，幸福安心。很奇怪，之前我一直不大明白的《心經》，可是讀了《壇經》十年後，再拿《心經》來看，竟然通透領悟到什麼是『般若波羅密多』，那份喜悅不可思議。」

張惠能從「一法」中找到安心，從「一經」中認識到自性的道理，跟着有幸皈依了普陀山本德老和尚，有次他問師父：「念佛所為何事？」師父答他：「念佛無所求，念佛為眾生！」他叮一聲就印了心。「老和尚當時鼓勵我出來講經弘法，不久後我亦決定把自己的生命與弘法給合，於是2007新年後開始出道講經，第一本就是講《壇經》。」過了一年香港大學專業進修學院院長李焯芬教授邀請他在學院講經，自此，他編寫的「禪宗三經」、「『生死自在』淨土二經」、和「禪、淨、密三經」證書課程便出現在這座高等學府了。

張惠能的弟弟修真言宗十分精進。在宿緣所追下，張惠能復皈依了中國佛教真言宗光明流徹鴻法師，更通過考證，通教了「即身成佛」義，體得了正純密教秘密印心之法，獲授密教大阿闍梨之秘密灌頂，感受到傳承血脈的加持，遂發心廣弘佛法，以救度眾生，開始了人生第四個階段：「一尊」。「真言宗最重視傳承，當你被選為傳法者，你已不再代表個人，而是代表一個法脈的傳承，我的人生就到了『一尊』階段，『一尊』就是『傳承血脈的加持』，你傳承了一千三百年三國傳燈歷代祖師的心願和力量，代表正純密教一千三百年傳承血脈的興衰，所以你的命已交給了『一尊』，會有很強使命感。」

對佛教初哥的建議

佛法是說當遇上苦與樂時，內心都同樣洋溢大安心、大無畏力量。

一開始找一個值得尊敬的老師，去學習真修實證一個具備法脈傳承的法、去好好從頭到尾讀通一部經，自己從中去體驗什麼是心靈上的飽足？如果只是不斷去跑不同的道場，聽這個又聽那個，老是shopping around不肯去定下來，最終根本不可能會有什麼得着的。所以，建議大家先修一經一法，有了堅定立場後，才好出去切磋參學。

目　錄

第一日談
「三業、三密、三密相應」一事

三業，就是認同自身軀體為「我」，為「自我感」或「我之概念」者。三業，是未悟者之別稱。

三密，就是認識真我是「本尊」，了悟及此，自我感便消失。三密，是「真我」，如如其在，不生不滅，是無形的整體。

三密相應，是了悟者之別稱。當學習真言密教經典，修行其儀軌，其實是在一步步試圖認識並探究其「真我」，便改變「自身軀體為我」之思想，融入於真我，是名「三密相應」。

本尊乃真實，世界是虛幻。世界的底蘊是真實。

在三密相應中，真實與虛幻，二而一也。因為在三密相應中，已包含了三業與三密。

若以真我觀（三密相應），則世界（三業）為真實；若離卻真我，則世界是虛幻。故說，虛幻與真實，二而一也，取決於三密相應者。

本尊（真我）的至高至福，始終存在，真誠祈願便可證得。

人生苦厄的根本，不在於您外在的情境為何，而在於那認同自身軀體為「我」之「自我感」。所有不快樂，皆肇因於自我。

在三密相應中，悟者安住於本尊（真我），拋開苦樂，不再將苦樂加諸自身，明白「我」祇是「本尊」的工具（三昧耶形）即可。

縱使用諸多加持祈願、教導修法以利人，皆出於真我（本尊），如此一來，雖然在供養人、助人紓解苦難時，亦是了無自我，無私奉獻，故最終悉「迴施法界，迴向大菩提」，所以三密相應就是「本尊供養法」了。

能如是供養本尊，人生便不會再有愁苦黑暗存在，即是了知本尊的至福。

事實上，您若昧於生命至福的本然狀態，那是無明遮蔽了吉祥喜樂的本尊真我。這無明是錯誤的認知，誤將身心認作真我。

三密相應，即安住於自性真我（本尊），此真我是獨存而不失，不滅而遍在。

三密相應，並非未來的事。三密相應，了悟真我（本尊）的至福是生命本然的存在，當下即是。

當下即是，乃能無染，亦無所執，生命本源，純一圓滿，清淨潔白，其境極美，至高至福！

第二日談
「修本尊法定然有效度一切苦厄」一事

究竟真理，十分簡單，就是本尊。本尊，就是絕對者。本尊，就是真我。本尊的本質，原來是無形無相，無分別，如如其在。

正純密教，教我們以修行「本尊供養儀軌」來跟本尊三密相應。於三密相應中，本尊、行者和宇宙，並未分隔。行者和宇宙的真實本性，就是本尊的至善至福。

行者循修本尊法，以認識究竟真理，了悟真我，乃能看到萬物至福的底蘊，不再受愚弄；安住自性本尊當中，無間地虔敬修習入三摩地，對見聞之塵緣外境能心不動搖，無所執著，自然契入本尊最勝妙、至善至福之心意識狀態，不受任何煩惱、業、果報等業識之影響。如是修習可內證本尊覺性，即「如實知自心」，滅除心障，度一切苦厄。如是清淨的本識，又稱為「般若」。

然而，許多本尊法修行者，皆未能有效徹底超越世界的苦難度一切苦厄，何以故？因為有強烈的自我故，疾病、昏沈、猶疑、放逸、慵懶、縱情、散亂、誤解、無有定境、不安、退墮等皆屬小我散亂心之障礙。若真能安住於真我，則迴然有別。

世界的苦難，使您返內尋求真我。正如您唯有持鏡以觀才能看見自己雙眼，您必須先認識真我本尊，教生命小我個體的認知消失，然後以本尊的眼觀看世界，方知一切全是真我。世界的存在，並無好壞，它只是如如其在而已。常「誦習經法」故，可與本尊相應交流；「安住至福」，可使人成就三摩地。如是可不受二元對立之影響，於此中所證般若妙慧，由彼妙慧所生慧力，能斷煩惱繁縛故，光明之遮障逐漸消失，可得無上福樂，以色身成就本尊秘密瑜伽。

故說「度一切苦厄」，即本尊至善至福之真理；修本尊法，定然有效度一切苦厄。

第三日談
「以持誦真言修持」一事

持誦真言，又稱「持明(明咒)」，其實義是「堅定住持」本尊一念，故又名「一念堅持」。

如是「念念相續、無有斷絕」的「一念堅持」當中，其他的諸雜念自然消融，實質是超越了「認同這個生命個體身分」，如此終導致融入於「真我的了悟」，則本尊如如其在的真我，將成為唯一無二的真實存在。一旦做到，即「獲致真知」，又名「正念昂揚」。

一般人以為，解脫是外在的事，這是錯誤的觀念。只有徹底明白本尊才是真實的，並專注於反覆持誦真言並思惟其義，將獲真我，方知人的生死流轉，只是在小我心思上的錯誤的概念、認知和想像。

持誦真言或持明，不應只是機械性的膚淺唱誦真言而毫無虔信和愛敬。當您持誦本尊的真言，應以真誠信心、愛敬之情召喚祂，將自己毫無保留皈依隨順祂。只有徹底皈依隨順本尊，完全交出自身小我，本尊的真言，才能與您瑜伽。

唐朝不空三藏譯《一字頂輪王瑜伽一切時處念誦成佛儀軌略注》云：「行住坐臥，常結密印，持明觀尊，即是修真言者最勝趣也。」

若修行者中「最勝趣」是持誦真言者，那麼還有必要修行本尊儀軌供養法嗎？修行本尊儀軌供養法，是必要的！因為對任何初階真言修學者言，這是必要的。修行本尊儀軌供養法，有助於駕馭心思，使之平靜；對於無法以其他方法修持者，本尊儀軌供養法尤其是有極大助益的。透過儀軌莊嚴的修法，可導致心思專一，最終達至「一切皆本尊之至福」之真空忘我的心靈境界。

但對已證入三摩地、已常住本尊瑜伽不受限制之「即身成佛」者，本尊儀軌修法已非必要了！然而，一位已證三摩地者，亦不必全然排斥修行本尊儀軌供養法，因他已明白儀軌的功能與涵義。

第四日談
「在家的生命立場能證本尊瑜伽」一事

凡夫在家的生命，繫乎外在的工作與生活。想要外在成功，更需努力於外。

本尊，即真我遍在。宇宙一切事物，都不能離開本尊的至善至福而存在。一切事物，究竟堅固，至善至福。

行者真我，存乎「本尊瑜珈」。本尊瑜伽，本尊即在您左右，在您心中，而您亦是本尊。

本尊瑜珈中，您無須辭去工作，亦無須出家棄世。本尊瑜伽，非為拋棄家庭，您也無須交出您的工作，僅須要交出「凡夫的自我」給本尊。

成為一位本尊瑜伽的行者，當然可仍留在職場持續工作。在工作的流程中，可問自己，到底是「誰在工作」？誰的心思在運作呢？是本尊真我！

本尊瑜伽中，只須避免遺忘了本尊；記住本尊，那才是您工作和生命活動的真正源頭。在工作時，密切注意是心思運作的這個幕後源頭；您的行動即本尊的行動，故執行事務是從容不迫的。

在工作中，您的生命本源「本尊」始終生機暢旺，故工作或任何活動，將不會是您的阻礙；您的行為即本尊的行為，故並無不妥。

修本尊瑜伽的真言行者在世上生活和工作，最終將能開顯本尊的至善至福，並擴展本尊大悲而融入於外在世界。生活和工作對本尊（真實的您）並無妨礙；生活和工作，照常進行。在任何情境下，本尊瑜伽始終如一，並無絲毫為己。

本尊瑜珈中，外在的工作與生活，自然仍照常進行；只是行者在向內深入本尊瑜伽的至善至福之同時，與外在工作與生活的需求保持相應，自然向內和向外的心行一致。

總而言之，行者依「在家的工作與生命」立場，最終皆能「活現本尊的至善至福於外在，品嚐本尊瑜伽三摩地的法味於內」。

第五日談
「打破對本尊法神秘的迷信」一事

打破對本尊法神秘的迷信，是今天我們傳承正法的首要重點。

本尊法之所以成為一種神秘的迷信，主要是因為它被一些密宗邪師加上了一種神秘的怪力亂神迷霧，盡是行符咒水，驅役鬼神之類，修學密教者，多被神通所誘，墮失修密真義。因為密宗邪師會站在「政教合一」的大教皇思想、活佛等迷惑大眾的地位上，用神秘的鬼靈精怪、怪力亂神、前世明妃等導人迷信的妄語來蒙蔽和麻醉信徒。所以，打破迷信，是我們正純密教在家修行人今天的責任。

打破迷信，第一要從日常「理性和感性平衡」的生活中做起。保持日常生活中的實在感受和理性的思想，是「正思維密教經法、熱愛修證本尊法」的基礎。

一般人由於通俗佛教和不良密宗信仰，已包含著很多神秘的迷信觀念。所以，若想學修正純密教本尊無上瑜伽之法門（本尊法），便先要打破這些對日常生活的神秘迷信。譬如：身體的疾病，它本來有其病因，我們本來應該去找出這些真正原因才對，但神秘的迷信，有時會使我們不知道去分析這些原因，卻說這是前世因果、罪業、親債主、嬰靈纏身等，於是陷入神秘的迷陣中去了。

修行本尊法最終目標，是本尊無上瑜伽，是要深入了解正純密教正確的真理，免於淪入左道右巫思想。憑本尊無上瑜伽，得以正確認識密教之真諦，摒棄神秘外衣，體悟奧秘內容，睜開慧眼，徹見正純密教「即事而真，當相即道」之妙諦，進而達到「即身成佛」之目的。

本尊法之儀軌以及修法雖有祈禱儀禮，但是，這些實不可與鬼神憑依之巫師相提並論。須知祈禱儀禮之應驗，乃是精神專注的結果，是修行中的副產品，不是行者追求之最終目標。

正純密教在家修法人，是要先學習正純密教經典正確道理，如《大日經》、《金剛頂經》和《般若理趣經》，是先要有一個空杯的心態去向「不帶神秘的迷信之明師」學習，學習建立積極正面、合情合理的正知見和正修行。不看不聽那些消極負面神秘的迷信的東西。

只有不斷的虛心學習，我們才能捨棄神秘的迷信，發現並清楚認識心的本質，知道什麼是存在真實的、正確的真理，才不會被我執煩惱所纏縛。

在日常生活的實踐中，在「努力清除神秘的迷信」的同時，對於「正純密教的道理及實踐本尊瑜伽的方法」得加以研究了解，繼而把修行本尊法中覺醒的「本智」，放在生活裡去驗證真理。

所謂修行本尊法，必須要做到能信真理、能學真理、能行真理、能聽真理、能思真理、能寫真理，然後才是一位能給自他講真理的人。也就是說，能講真理者，必須是寫真理者；能寫真理者，必須是思真理者；能思真理者，必須是行真理者；能行真理者，必須是信真理者。否則，正純密教所講道理，沒有生命的價值與存在的真實了。

人對於生活的見解不同，行為也就有異，一般人的世界觀多為秘密的迷信所造成，自然現實中單靠個人日常生活中的努力，很多問題的解決是太遲緩和太困難，也許還有墮入絕望處境的危險！正純密教真理及本尊法修證實踐，是大乘佛教在歷史上最優良的成果。透過本尊瑜伽中精神專注的結果，可以幫助我們更快速更正確地解決所要解決的一切問題。我們更可以在生活中找到新發現，能促進自己已知道的密教真理，而使之持續發展進步。這樣我們才可以在這當中，更深刻地認識到最切實的、最不神秘的事物本身的真理。

總結來說，必須先聽明了密教根本經典，才會正確信密。修行，是修一尊法：自己瑜伽一尊。由證了本尊瑜伽，再反思所聽密教經法之理。由反思所得出真理，然後寫（記錄）自己之心得，最終便可隨心所欲地藉經典來發揮正確見地！我們更不能忘記，本尊法本身也是從日常生活的基礎裡發生的。所以我們不能把本尊法所修證的看作凝固了的、死的範疇，而是應該隨時隨地應用到生活的實踐中，與生活中的一切互相印證。

第六日談
「本尊法即合修奢摩他（止）、三摩地（觀）、禪那」一事

《圓覺經》是一本偉大的大乘經典，它十分明確地指出修行上一個重大秘密：一切正確的修行，其數雖無量無邊，但都離不開三大方便法門：

一、 奢摩他(Śamatha)
二、 三摩缽提(Samāpatti)
三、 禪那(Dhyāna)

當中，三摩缽提之心身安住狀態，即三摩地(Samādhi)的境界。所以也可說，一切正確的修行，都不離「奢摩他、三摩地、禪那」。

奢摩他，是「止」，即是不動，是將心繫於一處（真言）。

三摩地，是「觀」，即觀察。《楞伽經》稱之為「觀察第一義禪」，般若經典又稱之為「般若觀照」，就是指立於第一義（如正純密教之本尊）立場觀察一切事物究竟的意思，亦即是「觀察現前一切如同唯一光明的本相」。

禪那，就是「刹那、刹那」相續不斷地住心於光明本性。

本尊法，即循序合修「奢摩他、三摩地、禪那」的妙法。修本尊法成就者，可展現般若智光輝。所以，正純密教行者應依循「奢摩他、三摩地、禪那」從事修行。依此修行之功，可使行者證本尊無上瑜伽，「心堅定如金剛，具大力量」。

本尊法合修「奢摩他、三摩地、禪那」順序是：

一、 奢摩他：把諸緣因心制「一處（真言）」而不動如金剛；

二、 三摩地：個體心「融入觀想目標（本尊）」；

三、 禪那：復由此三摩地得本尊一如淨相、心常「剎那、剎那念念相續不斷地住心於本尊光明的本相一境」。

世間的苦受樂受，在於不明「本尊真我」是自有永有，以及未能是依本尊真我而證本尊瑜伽。

透過本尊法合修「奢摩他、三摩地、禪那」而能徹見「凡夫三業」與「本尊三密」之不同，方得本尊瑜伽，如是能感通宇宙顯現的一切萬有及至高之一切種智，乃至對此感通與一切種智亦不執著，即能契入秘密莊嚴心。

透過本尊法合修「奢摩他、三摩地、禪那」，能領會本尊的真知，由此真知能生靈明超然之見聞覺知，生命煥發光彩，身形相好莊嚴，堅若金剛。

透過本尊法合修「奢摩他、三摩地、禪那」而能不計度執著心所攀緣王；一切即一，無所分別。

透過本尊法合修「奢摩他、三摩地、禪那」而能克服諸根，如是心意敏捷，能超越感覲而行，且得掌造化因作用。

透過本尊法合修「奢摩他、三摩地、禪那」而能將心繫於一真言、於本尊真我立場觀察一切事物、「剎那、剎那」念念相續不斷地住心於本尊光明本性，「慧見」即從覺察力生出。藉此慧見可了知在類別、性相、方所上都相似而難以辨識的事物，如是可直接感通乃至趣入一切塵境事物而不受業染。

如是依合修「奢摩他、三摩地、禪那」的三種變化得圓滿成就者，可以知曉過去、現在、未來心不可得之奧秘；可以明辨思惟，通曉一切眾生音聲；可以知他人心想；可以明瞭生死；可以得本尊大悲大智，以及本尊所具之種種力；能深觀自性光明；能知精微、隱蔽以及遙遠的知識；能知曉此色身及世界之源頭；可令身心堅穩；能觀頂首光明，得本尊成就之慧見，由此慧光，遍悉一切。

第七日談
「本尊法能證世界為真實（一真法界）」一事

顯教一般認為：如來是常樂我淨，是「真實」；世界是恆在變動中，是「幻」，亦即是「非真實」。

正純密教真言宗則證悟：世界為「真實」，是名「一真法界」。

顯教的消極説法是：所謂「真實」，就必須是「永遠存在」的；既然世界是恆在變動中，就是「非真實」。於是，就得放棄世界。

正純密教真言宗修行「本尊瑜伽」者，最終通達唯一「真我」。在「真我」境地中，一切都歸「真實（本尊）」，世界就是「真實」。世界自然是融入於「真實」；那被顯教斥為「非真實」的世界，此時也屬於「真實」的了。

正純密教本尊瑜伽中「真我」的證悟，就是「本來如此（不生不滅）」。除了「本來如此」，什麼都不存在。

為打破顯教對「世界」觀點的誤解，正純密教真言宗說：

一、　如來（本尊）真實；
二、　世界非真實；以及
三、　世界即是真實。

意思是說，正純密教並不是只講到第二點就停下來，因為第三點是解釋前面兩點。我們正純密教所表達的是：若視「如來真實」跟世界是分離的，則是「世界非真實」（這是第一、二點）；但在本尊瑜伽中，自證世界「唯是本尊真我」，則「世界即是真實」的了（第三點）！如是者，「幻」、「真實」就是一如了。

顯教得說世界是「幻」的，因為他們實在別無他法了。但就真言宗本尊瑜伽行者的觀點而言，一旦證悟「真我」，就會明白，除了真我以外，什麼都不存在；安住於真我中之人，就會視整個世界為真我；真我是一切的根源，沒有真我，就不會有世界。

總結來說，證悟「本尊瑜伽」，並因而成就對真我光明無上「真實」的真智（「智」的本質）；唯有如是之人，才能真正了知「世界即是真實」這句話的意義！

第八日談

「本尊本智能去除無始無明」一事

顯教最常見的「業力」思想，是每人都必須承受「所造業」的果報，就像有一個恆在計算機制，善行帶來善報，惡行則帶來惡報。

為了解釋世間有「惡人得善報、善人卻得惡報」的事實，顯教又提出業報不一定會在今生得驗，它可能會被帶到來生，所以就形成了以下理論：

一、 積業：貯藏以往生生世世所累積的業；

二、 今生業報：以往多生積業中必須今生承受的部分。

三、 來生業報：此生所造而累積的新業力，將會被帶到未來多生分別承受業報。

若說「業報不一定會在今生得驗」，您身體在這一世受苦，自然就會問前世是否為原因之所在。如是者，前世的原因還有前世，還可以一直往前推，則因果序列無止無盡，故顯教便指出「無始無明」是生生世世的第一因。

正純密教則說，即使此刻無始無明還在，修行本尊法中覺醒的「本智」能把它去除。正純密教告訴大家，本尊真我才是無始無終唯一永恆存在的本然狀態。

正純密教說，在本尊瑜伽中，眾生本來都是沒有束縛而解脫自在的。在本尊瑜伽中，我們回歸於本尊真我，真我是不受業力限制的。

只有「自我」才受「業的限制」，真我不受限制。每位修證本尊法的真言行者之本尊真我，是內在的光明本心，本尊無量，本智也無量，統稱「大日如來」，也就是説每個修證本尊法的真言行者之真實是「本智的太陽」。

總結來説，修行本尊法者絕不會認「無始無明」這黑暗幻想為生生世世第一因，自然就不受無始無明的「業的限制」幻相所侵凌了。

第九日談

「本尊法是利用六根的一念無明」一事

小乘佛教和一些未證究竟的大乘佛教宗派認為「永斷無明方成佛道」，並以為「斷除六根就是成佛」，尤其是小乘修行人更幻想「永斷煩惱，不再受生(死後不再處生滅)」，這些都絕非大乘佛教的正確知見。

首先，要認識「無明」有兩種。一者，是認自我「無始以來受業的限制」，並以此為生生世世第一因，稱為「無始無明」。另一是從有情眾生「六根的一念」現為被二元對立所障蔽的迷惑，名為「一念無明」。

修行本尊瑜伽者，固然絕對不會相信「無始以來受業的限制」這箇「無始無明」為生生世世第一因，修本尊法也必須首先信仰「大日如來」為一切之源底，以打破什麼「無始以來業的限制為自身生生世世的因」的迷信。信仰大日如來為一切之源底以「斷除無始無明」，正純密教稱之為「中因（大日如來）起修」。

大日如來是一切一切之源底。此大日如來之所以現為障蔽或迷惑，不過是從有情眾生六根的「一念無明」所做的假立，其實大日如來並不受限於迷妄或解脫。正如虛空或太陽是否受到雲朵的障蔽或不障蔽，指的不過是地面上輪迴眾生六根的一念當下之感知，而虛空和太陽兩者皆超然地超越被障蔽或不被障。

由此可見，修證本尊法，必須先斷除「無始無明」，但不必斷除六根的「一念無明」。因為正純密教之本尊瑜伽：

一、 唯在六根的一念中；

二、 唯用功在念念相續地讓「一念無明」融入「本尊三昧耶(本誓)」中；

三、 唯修證在「一念無明」中相應本尊真我的大功德；

四、 唯在「一念無明」當下發生起本尊真我秘密莊嚴的心。

以上所説，就是「一念堅持」。所以，「本尊瑜伽」之正見是「不斷除一念無明」的。

不論是「一念無明」、抑或是「一念堅持」，其實都是現在六根的一念內容。正純密教本尊法修行，是積極而不懼「六根的一念無明」，是「以本尊真我之正念、善念去照見一念無明之邪念、妄念」，這就是「正念昂揚」。

雖然於邪念、妄念之消滅上而言，亦可以籠統地說為「斷除無明」；但正純密教是於「本尊真我之正念、善念去照見一念無明之邪念、妄念」上言，故宣說「不斷除一念無明」的「一念堅持」。

總的來說，本尊法是修「一念堅持」積極的有相觀的，是以「一念堅持」念念相續為依歸。

第十日談
「本尊法能成就十地菩薩、乃至超十地菩薩（等覺、妙覺）境界」一事

正純密教真言宗「本尊法」行者，若做到「能信密、能學密、能行密、能聽密、能思密、能寫密、能講密」，便都是「菩薩十地」功德圓滿者，乃至是「超十地菩薩」境界之「等覺、妙覺」成佛者。何以故？

《大日經•住心品》云：「宣説真言道清淨句法：所謂初發心乃至十地次第，此生滿足。」《金剛頂瑜伽中發阿耨多羅三藐三菩提心論》（簡稱《發菩提心論》）又云：「真言行人如前觀已，復發利益安樂無餘眾生界一切眾生心，以大悲決定，永超外道二乘境界，復修瑜伽勝上法，能從凡入佛位者，亦超十地菩薩境界。」

「十地次第」、「十地菩薩境界」者，就是「菩薩十地」；「超十地菩薩境界」者，就是從凡夫、歷菩薩十地、繼而入佛之「等覺、妙覺」證境。以上《大日經•住心品》和《發菩提心論》，都在説明，如法修行本尊法(即「真言道清淨句法」與「瑜伽勝上法」)者，定能「此生滿足(十地次第)」，乃至「能從凡入佛位者，亦超十地菩薩境界」。

何謂「菩薩十地」?「菩薩十地」，其實就是修學成為菩薩的十個階段。當經中説登上某一菩薩地，就是透過修菩薩法作為方便而獲得此菩薩地所象徵之智慧階段，並依此可以相續向前進展，移到下一菩薩地。

《華嚴經》又云：「從初地乃至十地，於地地中，皆以大悲為主。」故知「菩薩十地」之根本，在於體證「大悲為根」，就是要去「教化眾生(功)」，以及於其當中展現「如來諸德(德)」之利他向下。故知「菩薩十地」根本上不離「自己功德力」與「如來加持力」之修證。

從真言宗的立場，「菩薩十地」就是修習「本尊法」的次第，也是從「以我功德力」增上到「如來加持力」之十個階段。

在進入「菩薩十地」詳細討論前，讓我們先學習真言宗的「三力偈」以了解「自己功德力」、「如來加持力」和「法界力」之秘密。《大日經•悉地出現品》云：「以我功德力，如來加持力，及與法界力，周遍眾生界。」以此偈中說「三力」，故稱為「三力偈」：一、自己功德力，即自身之修行，是「自緣」。二、如來加持力，即如來之加持，是「他緣」。三、法界力，自心所具之本尊本智，是「內因」也。此「內外」「自他」之因緣和合而成辦佛（本尊）之業事。《大日經疏》曰：「以我功德力故，以如來加持力故，以法界平等力故，以此三緣合故，則能成就不思議業也。」

現在正式進入「菩薩十地」的詳細說明。我們將用《楞嚴經》原文，並從真言宗本尊法之立場，作出具體解說。

一、經云：「是善男子，於大菩提，善得通達，覺通如來，盡佛境界，名歡喜地。」雖聞佛覺，然未能盡佛菩提境界，今由修四度加行，善能通達，由是法喜復增，故名「歡喜」。

二、經云：「異性入同，同性亦滅，名離垢地。」一切障礙，即究竟覺；一切眾生、諸佛國土，同一法性；今皈依本尊，三密相應，異性入同，乃名「離垢」。

三、經云：「淨極明生，名發光地。」本尊三密相應中，凡情俗見之垢淨，則本尊妙覺之明生，乃名「發光」。

四、經云：「明極覺滿，名焰慧地。」本尊三密相應中，因完全離於執我，故不受分別現象所欺妄，如大火聚，一切緣影悉皆爍絕，故名「焰慧」。

五、經云：「一切同異，所不能至，名難勝地。」本尊三密相應中，因為已證得心意平等性，故不受自己相續內的分別所欺，孰能勝哉？故名「難勝」。

六、經云：「無為真如，性淨明露，名現前地。」真言行者無不見本尊真如清淨自性，故離於一切分別「煩惱（輪迴）」與「圓滿（涅槃）」之欺妄，明露現前，故名「現前」。

七、經云：「盡真如際，名遠行地。」本尊三密相應，本尊真如現前，我相、人相、眾生相、壽者相等諸相已得寂止，故時時刻刻都在培養自己功德力之菩提大道，故名「遠行」。

八、經云：「一真如心，名不動地。」乃全然證得「一真法界」如金剛不壞，故名「不動」。

九、經云：「發真如用，名善慧地。」既得「一真法界」真體，斯發真用，因為本尊常瑜伽自在，故能善巧引領有情眾生達至成熟，故名「善慧」。

十、經云：「是諸菩薩，從此已往，修習畢功，功德圓滿，亦目此地名修習位，慈陰妙雲覆涅槃海，名法雲地。」菩薩第九地名「修習位」，象徵「自己功德力」圓滿，才能於第十地「成就一切三摩地和陀羅尼」，有如「從一切諸佛處領受無上智慧灌頂」，能神變加持展現大威力，故是「如來加持力」之開顯。十地果滿，智悲功圓無復自利；大悲法界，慈音妙雲純是利他，故名「法雲」。

「菩薩十地」之後，就是成佛的「等覺、妙覺」境界。

一、《楞嚴經》云：「如來逆流，如是菩薩順行而至，覺際入交，名為等覺。」從真言宗的立場，「如來逆流」者，就是「本尊（如來）入我」。「如是菩薩順行而至」者，就是「我（菩薩行者）入本尊」。「入我」與「我入」，是名「二入」，又名二種「覺際」。「覺際入交」者，是「入我、我入」之二入交融，名之為「等覺」。這正好就是正純密教所宣說「三力偈」中的「如來加持力」之徹底體證，真言宗行者緣此二入交融，得入本尊瑜伽三摩地。

二、《楞嚴經》又云：「如是重重，單複十二，方盡妙覺，成無上道。」「菩薩十地，再加上「等覺」、「妙覺」，總有「十二」也。所謂「單複十二」者，真言宗解釋為：修證本尊法者悉能此生滿足「單複十二」境界，即菩薩十地、等覺、妙覺等。所謂「如是重重」者，即「無始無終、久遠實成」之義。如《法華經》釋尊所說：「一切世間、天人及阿修羅，皆謂今釋迦牟尼佛，出釋氏宮，去伽耶城不遠，坐於道場，得阿耨多羅三藐三菩提。然，善男子！我實成佛已來，無量無邊百千萬億那由他劫（又名五百塵點劫）。」此段打破人們以為「釋尊在今世菩提樹下始成正覺」的小乘錯誤想法，明示釋尊是自五百塵點劫以來「久遠實成（成佛）」並常住此娑婆世界。正純密教真言宗既肯定每一位如法修行本尊法的真言行者都能成就跟釋尊平等之妙覺，自然行者也必須是「久遠實成（成佛）並常住此娑娑世界」的了！這就是「如是重重，單複十二，方盡妙覺，成無上道」之真諦！這亦是「三力偈」第三、四句所説「及與法界力，周遍眾生界」之妙覺道理：識得「本尊的法界體性」後定然「常住此娑婆世界（周遍眾生界）成佛」。

總的來説，若根據以上真言宗之一經一論所説，只需如法去修證「本尊真言」、「本尊瑜伽」等「真言道清淨句法」，自然能於「菩薩十地」、「等覺與妙覺」等次第中三力圓滿成就佛果，此生滿足。

第十一日談

「修本尊法就是破人我、法我」一事

修本尊法就是「先以法我破人我，後破法我」。

正純密教真言宗經教傳承，能確立一位真言行者見聞與思惟本尊的整個範疇，讓我們了悟每個本尊法都同樣好，因都通往同一個目的，這目的就是「即身成佛」。而自己最容易產生共鳴的、最喜歡的本尊，就決定了最適合自己的本尊法。只要好好修持，讓自我沒入本尊真我，不再有身、語、意三業的痛苦疑惑狀態，這就是「先以法我破人我」。當中行者除了勤修本尊法外，更必須於行住坐臥中「持明觀尊」，全神貫注在自己的修持上。

「後破法我」又是什麼境界呢？覺醒「本尊本智即在自性中」，祂是本然即在、無拘無束的明澈覺性，從一開始一位真言行者自己就已自然擁有祂，祂都在，故再沒有其他需要經由努力奮鬥修持而達成的目的了，這種全然放鬆安住本尊法界，完全再無可修持也無可成就什麼，行者「本身就是本尊」的覺醒，就是「後破法我」的境界。

故知修本尊法，須由「有學、有行、有聞、有思、有說」之儀軌修法開始，這是「先以法我破人我」的部分。

修本尊法之終極是行者「本身就是本尊」的覺醒，這已超越「有學、有行、有聞、有思、有說」之境界，是由認出本自即有自然清淨的「無所學、無所行、無所聞、無所思、無所說」的自性本尊狀態；契入本尊法身，無依緣，無所住，毫無一物攀執的。

一旦精熟於這樣的清淨本尊自性之後，身體固然仍留在人間，但心卻僅僅安住於無生的本尊法身。即使在不修習時，心也在覺受完全無作的有如大日光耀的本尊法界之中；且甚至無須修煉，便可以完全掌握安住在此本尊自性中，這就是所謂「無所學、無所行、無所聞、無所思、無所説」即得到解脫，因此是「超越法我」。

當安住在此本尊自性中時，所有現象都被看見為本尊法性身；由於本尊法身非由創造，並且不斷相續現前，《大日經》稱之為「菩提相續生之相」。在這境界中一切法再也不需由思惟所產生，所以《大日經》又說這個菩提相續生之相是「唯佛與佛乃能知之」。

基於以上所說，修行本尊法最終定能、且必須超越法我，因為其根本，實是無作無為的本尊法身。本尊法身雖無有一物，卻能生一切法及諸感知覺受；其雖非為具體事物，卻為一切萬法之基；其雖連微塵亦無可指，卻能表述一切指稱；其雖不執貪著攀緣，卻為萬事萬物之基；其離於一切生死，卻為諸病老死之本。

當真言行者修行本尊法（以法我破人我），而掌握自然安住本尊自性（破法我）之後，自心也安頓了，《大日經》稱之為「如實知自心」。此時，客體世界乃本尊法身的展現，諸多展現成為了自心本尊的遊戲，因一切事物之本質皆為本尊法身，所見客體皆可消融而無須排拒。就如鳥倦還巢般安頓，鳥在做這事的時候完全沒有進一步的痛苦疑惑思惟；真言行者在安頓了自心後，同樣完全沒有其他進一步的痛苦疑惑思想。不論身心的狀態為何，那怕就如《般若理趣經》所說身心在「男女適悅」交合狀態中，已「破人我、法我」的真言宗即身成佛者，都不用去調整、修改，或以其他方法淨化或染污它，而仍然擁有覺醒的境界了！故《般若理趣經》說：「適悅清淨句是菩薩位。」

「適悅」，是男女交溝的意思；「清淨句」，是安住本尊清淨自性的意思。這裡「句」字，是「安頓」義；安頓，已是「破人我，破法我」的金剛薩埵境界，又名「菩薩位」，大家好好領悟去。

第十二日談

「修本尊法得無生法忍」一事

「無生法忍」，梵文是anutpattika dharma ksanti，又名「無生忍」。

「無生法忍」中的「無生」，就是無生無滅，亦即「本住（本有、常住）」的意思。是說明一切事物實相為「常恆的現在」、「湛然（不動）常住」之理。是闡述現在一切事物（當下整體，又名當體）都以貫穿三世永遠（無盡過去、現在、無盡未來）的「一剎」作為其相續循環之形式。換言之，當下整體是聚集了無盡過去已往的開顯，同時又向未來無限展現，實是「貫三世的永遠之一剎」也。依《大日經疏》言：「世間時分，雖有過去、現在、未來，長短、劫量等種種不同，然以淨眼觀察，則三際了不可得，是無始終，無去來。此實相之日，圓明常住，湛然如虛空，沒有時分長短之異。」正如真言行者在持誦真言、觀想本尊之全神貫注的一刹，在全情投入生命活現的一刹，是絕無生滅與過去未來的觀念。是超越時空之限制時，法爾自然，因此一切是無差別平等之世界。《大日經》把這超越時間性、「常恆的現在」永遠之一刹的當下整體，稱為「實相之日」、「越三時的如來之日」，又名「大日如來」。

「無生法忍」中的「法」，是真理，指世間萬法的不變軌則。「無生法忍」中的「忍」，其實是「認」，具有認識或認得的意思。所以，「無生法忍」，就是「認識世間萬事萬物都是本有常住的」。這個超越生死的「當體之真我」，是「生智慧離無盡之分別」的一個完全自在解脫的境界。在這個境界中，真言行者的我執和煩惱起伏已完全清淨。這「當體之真我」是一個清淨境界，當中甚麼也不缺，只因自心其實從未染污，一直都處於「純一、圓滿、清淨、潔白」的狀態。這也就是真言宗經典《般若理趣經》所說的「一切法自性清淨」。

為了完整傳達「無生法忍」的內涵意義，《般若理趣經》說了「十七清淨句門」：「所謂妙適清淨句是菩薩位，欲箭清淨句是菩薩位，觸清淨句是菩薩位，愛縛清淨句是菩薩位，一切自在主清淨句是菩薩位，見清淨句是菩薩位，適悅清淨句是菩薩位，愛清淨句是菩薩位，慢清淨句是菩薩位，莊嚴清淨句是菩薩位，意滋澤清淨句是菩薩位，光明清淨句是菩薩位，身樂清淨句是菩薩位，色清淨句是菩薩位，聲清淨句是菩薩位，香清淨句是菩薩位，味清淨句是菩薩位。何以故？一切法自性清淨故。」

「一切法清淨句」之修證，能得「無生法忍」。何謂「一切法清淨句」？首先「一切法清淨」，是「世間一切事物清淨圓滿」的意思。「句」，就是「停止」、「句號（full stop）」的意思。悟光上師曾用這個「句號（full stop）」來作解釋，可以說相當傳神。「句號」是一個極小的「點」，卻極具威力，它是「完全的終點」，故有著「完全」和「停止」的意思，故像徵以當體真我（本尊）之智慧安住於無生無滅的一刹。一切的一切（完全），也在這裡停止了！一切都不超過這「點」之外，如是能體證無常即常住，是無常之超越，亦是超越生死之觀。這是正純密教不共之觀法，最微妙殊勝之觀法。

所以，這個在本尊相應中智慧安住於無生無滅的「點」，就是貫三世的永遠之一刹。一方面有著「完整」和「充足的相續循環形式」；另一方面「當下相續展現的整體（當體）」都停止了。這就是「貫三世的永遠」和「常恆之現在」之理，亦即是之前所說「本住」的意思。

一位真言行者如果把握到這常恆之現在的信念和體驗，以此為立足點，去完成自己所負本尊誓願的使命，去活每一刹展現充實尊貴的「常恆現在之一刹」，就是超越生死，把握徹底的「生存力」，同時也能把握並歡喜接受「死亡之力」了。「無生法忍」的真正意義，就是這樣了。

第十三日談
「本尊法是現證永遠、價值、聖愛、創造」一事

悟光上師在《肇論講記》中說：「真言宗是有門的，有方法的門，不是在什麼地方都能進去的門。」

要入真言門解脫，真言宗用什麼方法呢？本尊法。「本尊」，就是「道本圓成，本自尊上」的意思。「本」，是本有、本住。「自」，是自性、自得。「尊上」，是至尊至上。本尊法，是真言宗所修，能讓「行者的生活，確實展現成為本尊在世間的活動」。

修真言宗本尊法，有本尊法的「門」，這就是「中因」了。大家緊記必須是由「中因」入；之後從「東因」起修、往南邊修、到西方、然後到北方；再回返到「中因」。此秘密法門，是由八大祖師遞相傳授，代代祖師都照著去修證；及得到第九代祖師悟光上師

所肯定了，並在開山時所開示的《肇論講記》中清楚說明白了箇中道理。

什麼是由「中因」入呢？悟光上師說：「由中因入，就是直接證佛位。先證到佛位了，但是要做的修證功夫仍未做好，所以還要做，這就是從東因起修、往南邊、到西方、然後到北方，再回返到中因。」對於一位真懂真言宗本尊法的修行者，這是一個最簡單直接、最根本的方便說法，跟禪宗說「悟後起修」是異曲同工（真言宗是說「未曾開悟莫起修」的）。

要知真言宗是圓融了大乘佛教中的「般若」、「唯識」和「如來藏」思想的終極開花。所謂由「中因」入，就是屬於「般若」的事。所謂「由中因入」，行者先得洞察「宇宙源底之光明本性」乃「純一、圓滿、清淨、潔白」。「中因」，又名「法界體性」。「法界」就是「宇宙」，其「源底」就是「體（存在的本體）」，「性」就是「（本尊的）光明本性」。「法界體性」

能生出萬物的動力名為「理德」，裡面發生精神功用的動力叫做「智德」。「智德」既是大家自己已有（自得）且本來自身具足的（本住），所以是「絕對待的智慧」，所以名為「根本智」，又名叫「般若」或「般若智慧」。所謂由「中因」入，就是「覺悟」各自本有般若，有般若智慧才能見到真理（理德），才會堅決認定我們無論在任何處、任何狀態都從未脫離「純一、圓滿、清淨、潔白」，是名「理具成佛」。

所謂「從東因起修、往南邊、到西方、然後到北方，再回返到中因」，是在說大家既知自身之理體是佛，既然是佛便要行佛之威儀（東、南、西、北方，是象徵佛的四智），才能回返到中因，真正的「顯得成佛」。這就是關於方便（本尊法就是方便）的事，這便得以「唯識」和「如來藏」思想才能說明白。

大乘「唯識」思想建立「八識」。八識可分為四大類：前五識（包含眼、耳、鼻、舌、身等識，即色身覺受）、第六識（又名意識，即分別思想）、第七識（又名末那識，即自我意識）及第八識（包含著「如來藏」和「阿賴耶」）。「唯識」思想提出，轉第八識成大圓鏡智（自性清淨再無罪業染污）；轉第七識成平等性智（認識真我）；第六意識轉成妙觀察智（見一切無非光明圓滿境界，不用分別就知道）；轉眼、耳、鼻、舌、身這五識為成所作智（報身成佛）。可惜，「唯識」思想由於一開始就過於強調第八識中的阿賴耶（過去作業之善惡種子均收藏在阿賴耶中）又未能通達及發揮「如來藏」部分，故最終竟發展出「於三大阿僧祇劫，無量勤苦，方成佛道」的眾生根本上不可能此生成佛的見地。

圓融了大乘佛教「般若」、「唯識」和「如來藏」思想的真言宗，在公元八世紀是一條創新之路，在今天廿一世紀則是一條一代一代傳承之路。真言宗如何表達偉大的「如來藏」思想而超越罪業輪迴思想呢？就是用圖像來表達「成佛的世界觀（曼荼羅）」。悟光上師於《密教思想與生活》說：「此如來（如來藏）秘傳，不在翰墨所表，故寄意於圖像以示行人。若欲得奧義，自當默識而已。」又說：「秘藏深玄，不載於翰墨（文字）。只借圖像，開示令悟。但於經疏中秘略之，祇寓意於圖像中。」

真言宗用「金剛界曼荼羅之根本全身會」的五佛來象徵依「如來藏」思想所揭示的五智解脱，亦即是「先由中因入；之後從東因起修、往南邊修、到西方、然後到北方；再回返到中因」之秘密法門。

於「根本全身會」五佛圖像之中，居中位者是象徵「法界體性」之大日如來。凡夫只因愚癡故不解「純一、圓滿、清淨、潔白」乃一切眾生本質（本性、佛性）。真言行者透過對九大祖師之決定信，故未修本尊法前，已先堅決認定一切一切無論處於任何狀態，其實都從未脫離「純一、圓滿、清淨、潔白」本質，是名「由中因入」。

其東邊是標幟著「永遠」、「不壞」之「阿（不動）佛」世界，代表任何一個刹那當下之所有一切事物，其實相為「常恆的現在」、「湛然（不動）常住」，皆是永遠、不壞。故若只說輪迴眾生「過去作業之善惡種子收藏在阿賴耶中」永遠不壞的，是選擇了唯識思想之「阿賴耶」見地。相反地，透過修行本尊法，行者能體證「當下所有一切事物皆是三世永遠不壞地生於光明佛國中」的無始無終之「金剛薩埵」，此即是「如來藏」思想所說「道本圓成」見地，是名「大圓鏡智」。悟後真修，必須由此「大圓鏡智」之體證為正式開始，故真言宗才說「從東因起修」。

次之南方是標幟著「絕對價值」、「黃金與土同價」之「寶生佛」世界，是表示真言行者凡夫下劣自我意識已除，體認了「本尊真我」，回歸於本尊真我是不受業力限制的，所以是現證絕對價值之光明福德聚「寶生佛」境界，此即「平等性智」之境地。依此智，於一切所有事物，皆能以平等而使其成就至上之價值，並能將此一切事物絕對之價值展開於此世界。

次之西方是標幟著「聖愛與正智」之「阿彌陀佛」世界。恰如蓮花出汙泥而不染泥，修行本尊法行者纔念誦本尊真言，即能觀察到「所有一切所有物不外是自性清淨之全一體」，自然而然就生起了同體大悲之發動，當處才能開了無限愛的世界，此即謂「阿彌陀佛」境界，此即「妙觀察智」之境地。此世界之主佛「阿彌陀」，即無量壽如來也，於他之另一象徵是「同體大悲上去教化一切眾生而說法」，此亦是在表示無限愛之境地。

其次位於北方是標幟著「創造」、「自由活動（羯磨）」之「不空成就佛」世界。修行本尊法行者是不被何物所囚，其自由活動是標幟著再也不被眾生業力所繫縛，故是「不空成就佛」之境界。所謂「創造」，是或見或聞或嗅或味或觸等之感性世界，予以整理統制，成辦並展開遊戲神變之創造世界。此世界之主佛「不空成就」，於他之另一象徵是更進而積極地突向無限之前方，同時摧伏其中途一切魔障者。

總的來說，東西南北四方四佛，以真言宗如來藏思想而言，即大圓鏡智、平等性智、妙觀察智、成所作智，更以內容視之，即永遠、價值、聖愛、自由之四世界，綜合此等而融會之的「一如」，即完全如太陽而照一切生一切的大毘盧遮那佛，即大日如來，此即所謂成就「法界體性智」。住此法界體性智，即大日如來之境地之展開，就是所謂「再回返到中因」，「顯得成佛」的道理。

總的來説，這個「由中因入，就是直接證佛位。先證到佛位了，但是要做的修證功夫仍未做好，所以還要做，這就是從東因起修、往南邊、到西方、然後到北方，再回返到中因」説破了本尊法修證及即身成佛之秘密，特別殊勝。若遇此教，並精勤信修，則能速證顯得成佛。

第十四日談

「真言宗傳授本尊法之在家阿闍梨」一事

「光明王密教學會」是一個培養「在家阿闍梨」傳密教的道場，志願訓練一群具備密教修證功夫、說法辯才、真言宗藝術創造之人材，成就一眾「發菩提心，妙慧慈悲，兼綜眾藝，善巧修行般若波羅蜜，通達三乘，善解真言實義」的在家阿闍梨乃至大阿闍梨。

悟光上師翻譯「權田雷斧」大阿闍梨的密教著作《真言密教聞中記》是秘密佛教真言宗極其重要的著作。在《真言密教聞中記》中，權田雷斧大阿闍梨引用了以下《大日經疏》的一段作為證明「在家居士阿闍梨」之典據。《大日經疏》云：「阿闍梨自作毘盧遮那時，解髻而更結之；若出家人，應以右手為拳置於頂上，然後說此真言加持之，則一切諸天神等不能見其頂相也。」（解髻而更結之，是解生死之髻，結如來之髻之意也。）又說「像大日如來或諸菩薩，結髮戴冠，顯在家相，以滲入社會各角落去化度民眾者亦有。此等皆是一種方便。」

關於「阿闍梨（不論在家、出家）」應有之品德，《大日經》云：「大曼荼羅位初阿闍梨應發菩提心，妙慧慈悲，兼綜眾藝，善巧修行般若波羅蜜，通達三乘，善解真言實義，知眾生心，信諸佛菩薩，得傳教灌頂等。妙解曼荼羅畫，其性調柔離於我執，於真言行善得決定，究習瑜伽，住勇健菩提心。祕密主！如是法則阿闍梨，諸佛菩薩之所稱讚。」《大日經疏》又云：「以眾德兼備故。即能流通密教不斷佛種。是名佛之真子。從真言行生。常為眾聖之所稱歎也。」

《真言密教聞中記》又引述《大日經疏》云：「應知師（阿闍梨）有二種。凡師位者須具解真言及印，本尊之相於中一一了達無礙，了知上中下法差別之相，然彼復有二種分，分者為二也。一者解深秘，二者通顯略。所謂深者，能了知深廣也。第二師者，但得現法中利也，世間成就之益，癡句中加有緣念也，為彼而造壇也，然亦具解造曼荼羅等種種方便無有錯謬。」又云「此中蒙佛灌頂者，為深秘之師；蒙世間人師之所受者，為顯略阿闍梨也。」又云：「復次先知即有二種。由是見諦之師，能於如是真言王中見一切根緣通達無礙。若未見諦師，即須依教及師所傳，所傳旨趣而觀察之，亦其次也。」

以上所説「阿闍梨應有之品德」和「深秘之師(阿闍梨)」，都沒有什麼在家、出家之規定。

作為一個光明流「在家阿闍梨」，應先建立一個正確的「佛教歷史觀」，認識到佛教不論大、小乘諸宗之出現，本來是各各在自己的歷史時空中嘗試去表明「如來真實義(真理)」的，各宗悉是獨一無二的「一個有系統的真理表現，以及與其相應的自宗經典和宗教的經驗」。

《密教思想與生活》是悟光上師翻譯「栂尾祥雲」大阿闍梨的重要著作。《密教思想與生活》說：「印度之佛陀，釋尊的行乞生活，實乃國情不同，風俗亦異所致。當時四姓不平等之觀念，深刻地烙印在各人心中，不同階級之人一同出家於教團中，為要折伏其傲慢心或自卑感，予以平等化起見，乃實行托鉢生涯。又為令施主尊重僧眾，布施植福，教導啟化民眾，以適應其時代而設的。現在人類文明發達，民主思想，人權平等概念已普遍被認識，似乎已不必如此。」又說：「以理看來，天地間所有一切悉是大生命之細流，何事何物都時時地生長、變化、發展，並非固定靜止，生活方式自亦不能硬性強加固定。密教特別是為因應周圍一切之需要而施設，現出家相為方便時就顯出家相，未必認為出家是唯一的理想。」

真言宗既絕不認為出家是唯一的理想，自然也順理成張會有出家與在家居士阿闍梨。

《密教思想與生活》說：「佛之教法，分為顯教與密教，由來極古。龍樹之《大智度論》中已有『佛法有二種：一是秘密，二是顯示』之判釋，但是所謂顯示是以出家修道者之立場，以其時代露出表面，易被人見的聲聞緣覺而言。秘密者，所指是不為人見，具有深奧內容之和光同塵的在家菩薩道修行者。」（龍樹的二種佛法，即是當時之聲聞道與菩薩道。）

《密教思想與生活》又說：「密教特別是為因應周圍一切之需要而施設，現出家相為方便時就顯出家相，未必認為出家是唯一的理想。像大日如來或諸菩薩，結髮戴冠，顯在家相，以滲入社會各角落去化度民眾者亦有。此等皆是一種方便。」又說：「密教根本經典《大日經》說『父母、妻子圍繞中受天人妙樂，可沒有任何障礙密教生活』，可以證明事實。」

《密教思想與生活》繼續說：「於善無畏三藏同時代之印度，廣為民間弘布密教之因陀羅部底，或與弓師之女兒結婚之沙羅哈(Saraha)，或與摩羅婆(Mālava)國王之女同棲之迷多利具佛多(Maitrī-gupta)，或與首陀羅階級歌舞人之女共居的屯美醯爾可(Dombi-heruka)等印度密教祖師先德，大都有家庭生活。」

《密教思想與生活》又說：「當時印度之密教，厭棄偏重形式之舊有小乘佛教，以精神為主而樹立出家、在家一如之新教團。但傳到中國及日本，雖由祖師先德傳來密教經典或精神，但是此等國家已有了以出家為中心之舊有佛教教團，且非常根深蒂固。在其勢力下，無法組成出家在家一如之印度本來的密教教團。」又說：「中國或日本當時弘揚密教之諸教祖，因為其周圍情形不同，或因法律或因以出家教團為中心之教團所限，未及創出印度原來之出家、在家一如的密教教團。」

這裡提出，只因為國情不同，才造成中國仍以出家阿闍梨為中心之密教教團，未及創出印度原來之出家、在家一如的密教教團。

《密教思想與生活》進一步說明日本情況道：「大師當時，尚未有出家在家一體之組織。因國家法律於在家者之外，認定了出家眾之存在。以在家、出家二者立場不同，故出家另設有法律，除三衣一鉢外，不得積聚財產，所以不徵稅金與不參與國家勞役。然幸或不幸，到了明治維新這些特別法律已被剝奪，最少於國家法律上，已否定出家立場，而須和在家一樣，亦須服從法律、納稅及徵兵服役。」又說：「於日本僧人住於寺院，所以習慣上稱呼出家或僧，而叫某某師某某和尚、某某法師，其實此等已是失去內容的空名。因此現在國家之法規上，不知不覺出家與在家已成為一如之現象。這時從來要實現而未實現之出家、在家一體的印度本來密教教團是樹立了。」

這裡，讓我借《密教思想與生活》作一個簡單總結：「以密教精神為立場，即雖獨身生活亦好，家庭生活亦好，但不可拘執，須依人、依時、依周圍環境情況而決定，不能一概而論。若為密教之弘布，（阿闍梨）純真的獨身生活為方便者，即以獨身而為，但不可流於虛偽形式才行。然也（阿闍梨）不是家庭生活就不好，要極其嚴肅地，以密教精神為生命才成。經由此成就密教精神，而將之活現於其子弟身心中，把子弟送出社會，以此為基點教化社會。以正當之家庭生活為社會之楷範，即是密教精神之成就了。」這一段，更明確說清楚了真言宗在本質上就必須有「在家居士阿闍梨」的大道理。

第十五日談
「修本尊法必須依真言而成就」一事

本尊不是想像出來的，是每一位真修實證本尊法之行者「當下直接的體驗」。

想去了悟本尊，首先得付出「全部心力」而篤定，因為這必須是一個生命的「徹底革命」。無論世界如何變化，透過當下「自我與本尊真我的共處」，人心才可以徹底地「於當下體驗本尊之圓滿」，不再畏怯任何痛苦及現處任何如夢魘般的處所。本尊之心，能使人在當下一刻得到圓滿，深除無始無明的幽暗，業相全都止息。如此則不論心住於何處所及在做什麼，都是對的，都會帶來解脫與和諧，並能剎那間從一切煩惱中解脫。

當下自我與本尊真我的共處，就是三密相應，這必須依「真言」而成就。行者總持單一至要之真言，攝一切法一切心，在各自具足之本智（各具五智無際智）中解脫萬法。基於此，正純密教就把輪迴（痛苦、厄困和無明混亂的象徵）和本尊（開放、解脫和本智的代表）的對比與合一，作為所有正純密教本尊法修行的根基。

本尊秘密真言，是大家開啟本尊之「當下直接的體驗」的總持，讓行者當下心可以徹底地體驗本尊之圓滿，這就是「大樂金剛不空真實三昧耶」、「大毘盧遮那成佛神變加持」之不可思議境界。

在親自「當下直接的體驗」到本尊後，即使是疑心再重的人也會立刻相信本尊秘密真言的力量。任何已當下直接的體驗了本尊的真言行者，此後也會更樂意融入到本尊之圓滿中，並在需要的時候，成為「大樂金剛不空真實三昧耶」、「大毘盧遮那成佛神變加持」的即身成佛者。

至於一位「持誦本尊真言（持明）」之修行者之所以能夠付出「全部心力」而篤定，必先要愛敬法、愛敬九大祖師（像徵千年相續的法脈傳承）、愛敬本尊、愛敬人，如此定然能夠與本尊三密相應，行者即身就是本尊，永不失敗。

這持明修行，若要即身由凡入聖，必須自淺至深：

一、首先得認出自心中最嚮往之「偉大本尊」之神聖密語(是大神咒)。

二、念念秘密真言相續能給自己照破暗昧，變成大光明(是大明咒)。

三、以秘密真言，提策三密相應，安住於究竟見地之中，照見「萬物幸福，安穩安樂」，是名最高無上的正覺菩提(是無上咒)。

四、像父母親拼命愛護自己獨生子以培養後繼一樣，對「無等」之萬物也都要「平等」生起無量慈愛之心，永遠無礙除障」之佛的工作活動，成為「自性睡眠之一切眾生」的「驚覺鈴」，成金剛薩埵之轉法輪事業，自度度他，這就是大慈大悲大願之完滿成就(是無等等咒)。

透過「大神咒、大明咒、無上咒、無等等咒」次第而證即身由凡入聖之真言修行者，定須繼續在「真理」智慧上做到登峰造極，窮究所有根源，了知所有法教，以各種善巧方式不斷地行持利他之事，自度度他。

在秘密真言之內心莊嚴中，本尊是我們的根本自性，當其善德完全成熟，我們便不受衝動的貪欲所左右（金剛法（身）），更能立斷一切罪業與垢染（金剛利），示現其對一切有情眾生輪迴涅槃不二的了證（金剛因），繼而能以卓越的善巧方便之「現身說法」而利益有情眾生（金剛語）了。

第十六日談
「真言密教在唐朝之曇花一現」一事

佛教在西漢末年傳入中國，是正當農民大起義的前夕，之後經歷東漢、三國、魏晉南北朝以致隋朝，政治鬥爭激烈，擁有皇權的統治階級迫切需要維護統治的有效工具。有幸或不幸，佛教就是在這種需要下受到大力提倡而繼續發展和大大發達，但佛教也因而被擁有皇權的統治者利用來實行欺騙以達到壓迫、剝削人民的目的。

南朝士大夫有談玄的習慣，談起佛教也以義理為重，不同於北朝的偏重禪定。到了隋文帝統一中國，大興佛教，南北兩條不同風氣的佛教，併合發展起來，不僅在「作注疏、作法論」超越南朝，而且習禪定也遠超北朝。之後到了唐朝，更是佛教發展的一個高峰。

唐太宗親身經歷隋末農民起義的大風暴，他在當時雖然是戰勝者，但農民的威力對於唐太宗為首的統治階級是不得不有所畏懼，故唐朝佛教極盛，大小乘各宗派林立，佛寺擁有土地不用納稅，僧人享有免徭役的福利，每所佛寺設有主持，又有少數執事僧，這一批人，儼然居於君長與官員地位（所以當時流行有「選官不如選僧」之風氣），朝廷利用他們，借佛教為名，為統治者宣揚「因果報應、忍受壓迫」的教義，盡說「一切生滅都是假現象故不可執」的道理。

唐代名僧吉藏在《法華經遊意》曾十分坦白地說出，佛教就是「逼引之教」。「逼」，是逼使人厭惡現世的一切，包括本人的身體；「引」，是引導人欣慕靈魂不滅，永享極樂。唐朝佛教雖五花八門，卻大多都是極盡「逼引」之能事。

就是這樣，中國歷來廣泛流傳的佛教顯教，根本上就是「逼引之教」，其宣教方法基本上只是高唱苦。抓住一個「苦」字擴大為一切，包括所謂的自罪業、共業、在苦海中永遠無止境地六道輪迴等。

中國式佛教抓住一個「苦」字，指出脫離苦海的道路。小乘之道，就是「苦集滅道」四聖諦，其中最重要的一諦，叫做「滅」諦，意思就是出世思想，消極面對人生，偏重枯禪，以無苦地、安寧地、對未來能夠「不再受生」有著希望地死去。第二就是所謂大乘之道，首先是用因果報應、宣揚靈魂輪迴等違背佛陀核心教義的迷信，來讓被統治者自願接受壓迫而放棄鬥爭，忍受現世一切苦則被說為消罪業，或捐獻錢財來立寺建塔以求大功德，又或高舉來世歡喜地往生阿彌陀佛極樂世界「成就八地以上菩薩位」，又或說「一切皆空」來破一切執著，又或進一步說「非有非空」等，總還屬於顯教。顯教這種訓人說教，「口雖說空，行在有中，以法訓人即言萬事皆空，及至自身，一切皆有」，所以流於「言多虛大，語好浮奢，罪則喜推過去，無福則指未來」之戲論。

不過，唐朝開元年間，從印度來到中國的三位印度密教高僧善無畏、金剛智及不空，弘傳「真言密教」，其理念圓滿純正，另樹一幟，絕對是一個例外！真言密教，因為依佛的真實言(《大日經》及《金剛頂經》)而修行，既不涉靈魂輪迴，又不迷信罪業，且鼓勵入世積極人生，方可以「即身成佛」。

真言密教之成佛與顯教難易懸殊，顯教要經三大阿僧祇劫才能成佛，而真言密教即身成佛，十分快速。其修行包括自持誦真言以至供養，佈壇以至儀軌方式，都有嚴格規範，不得任意妄為。

真言密教由於提倡即身成佛，所以吸引了唐玄宗、唐肅宗、唐代宗三位皇帝都先後在灌頂壇內正式接受了灌頂入教(灌頂，就是用清水灌受法人頭頂，象徵洗去其無始無明、煩惱之垢穢，以重現本來自得的自性清淨心，繼而授以真言密教的秘密手印和秘密咒語)。這確為真言密教提供了可以盛行於中唐皇室及貴族間的條件。

但到了唐武宗於會昌五年發動毀佛(史稱會昌法難)，真言密教幾至失傳，在中國未能得到持久穩定的發展，甚是可惜！

真言密教在唐朝，可以說是曇花一現。「胎藏界」阿闍梨善無畏傳授一行和玄超，玄超傳授惠果。「金剛界」阿闍梨金剛智傳授不空，不空傳惠果。惠果一人合併傳授「胎藏界、金剛界」兩部。惠果有弟子十二人傳「阿闍梨灌頂位」。弟子中有日本僧空海，新羅僧悟真等人。惠果又傳義操，義操又傳義真，義真所傳全是日本僧。之後，中國僧徒便不再有著名的阿闍梨了，而真言密宗在中國的消滅自然就必不可免。

第十七日談
「修本尊法不能有佛教混合主義思想」一事

悟光上師建立「中國佛教真言宗光明流」，施設了「大僧都／正」及「大精都／正」兩個傳承系統，好讓「出家人傳法」和「在家人傳法」這兩條法脈能各自獨立地代代相傳。

「光明王密教學會」，今天負起規範未來「光明流在家人傳法」之團體架構、師資培訓，以及「大阿闍梨」考核標準之歷史性重任，故是任重而道遠，不爭朝夕，功在千秋。

在佛教發展史中，真言密教信仰的出現，是大乘佛教運動中一個最輝煌時期，各本尊代表的絕非時空上單獨某人，而是當其時開顯出「在紅塵中成就一切圓滿」之一群在家傳法人的代號名稱，當中更充滿了密教持誦真言、三密相應、入我我入之修行秘密。

真言密教信仰，在大乘佛教運動時期，曾非常鼎盛，其象徵著「在家人傳法」這個佛教發展中心方向，乃佛教大眾部之終極開花。故大乘佛教眾菩薩，除了地藏仍以比丘身示現外，都是珠光寶氣，象徵在紅塵世界之豐盛人生。其實，大乘佛教運動，本來就是一個在家人於積極人生中傳法的革命，但是礙於印度傳統普遍大眾根深蒂固的婆羅門及沙門即宗教傳法人思想，以及古代中國和日本都只容許某僧階以上之出家人才能有資格修學完整佛法及在佛寺說法，所以在家人傳法在中國乃至日本在古代基本上都只局限於某朝代鳳毛麒角的皇室宗親或大官重臣而矣。

悟光上師說今天是民主社會，機緣成熟，一個完善的「在家人傳法」傳承，便由中國佛教真言宗光明流把它實現出來。

作為一個光明流「在家人傳法阿闍梨」，我們都應該保持一個正確的「宗教」態度。大學要認識到，佛教不論大、小乘諸宗之出現，本來是各各在自己的歷史時空嘗試去表明「如來真實義」的，各宗悉是獨一無二的「一個有系統的真理表現、以及與其相應的自宗經典和宗教的經驗」。可嘆佛教大、小乘諸宗的道理，到了不事修行之佛學者、以及某些古今「大教王」名師的手裡，他們竟強行混合各宗的理念和經驗為一「佛教混合主義」，妄想「混合與和諧」各種原不和諧的各宗重心思想或甚至於原本互相衝突的原素（例如聲聞乘說「一切是苦」的罪業思想、緣覺乘說「一切是假」的消極佛系思想、唯識法相家說「三界唯識、萬法唯心」思想、般若法性家說「一般若智能生八萬四千慧」、真言宗說「本尊相應、秘密莊嚴」等），妄想透過把所有這些元素整合成為一個名義上的合一體，好打造一個「普世的佛教」，藉以建立自家之「大教王思想」宗派。

上述之「佛教混合主義」，其實直接打擊了真言宗及一切「具法脈傳承」的佛教各宗。真言宗，藉「本尊法」表明「大日如來的偉大使命」，從來不説苦、不説虛假、不説罪業等，故「即身成佛」是「絕對」的。弘法大師之《十住心論》正正突顯出真言宗之所以超越佛教其他各宗信仰之道理。

況且，任何其他佛教各宗信仰的滲入，都會改變和擾亂真言宗「本尊相應、秘密莊嚴」的「即身成佛」信仰。現在，一般真言宗行者在無意中已經帶著「罪業、消極佛系的心情」，這些無意中形成的思想，也歪曲和遮蔽了「本尊相應、秘密莊嚴」的即身成佛的要素。作為一個光明流「在家人傳法阿闍梨」，大家務必在思想和行動上，都要遠離「佛教混合主義」的罪業和消極佛系思想。

真言宗聖典，明言「本尊相應」是我們「獨一」的「即身成佛」之道。除本尊的秘密莊嚴以外，真言宗再沒有別的即身成佛的法。

真言宗經典說明關於「本尊相應的知識和修法」，清楚又肯定，絕對是無可否定。這些是由「證道的覺者、真言宗歷代祖師、以及悟光上師」，代代相傳傳遞下來的。此種傳承，全然出於已親證「本尊相應、秘密莊嚴」即身成佛的證道者。

真言行者，若能如法修行「本尊相應、秘密莊嚴」，必定能成為「即身成佛」者。所以，「聞思」真言宗經典、「勤修」跟自己相應的獨一和肯定的「一尊法儀軌」，乃是「得證」即身成佛的必須。

第十八日談
「修本尊法之改造世界」一事

真言密教的核心修證，是「即身成佛」。但凡成佛者，必具代代相傳之法，才能成就眾生，並藉以改造世界，這就是密教「佛建設淨土」的真實義。在這一點上，修證真言密法跟一般研究佛學和學修顯教各宗，絕對是迥然不同的，不可同日而語。

真言密教經典《大日經》清楚道出：「心為能入（入法界體性，證佛果也）。」一些並非真修實證真言密法者，或解講為必須先改造人心，才能去改造世界。其實，「心」者，就是本尊之「自覺聖智」，是悟到自己本來具足至尊至上罷了，根本上沒有什麼要改造的。早期唯識翻譯家，如真諦、求那跋陀羅等，都是用「心、意、意識」來分別代表「第八識、第七識、第六識」，故所謂「心為能入」，其實就是「從東因（第八識）起修」的意思（請細閱《真言宗本尊法　三十日談》之十三：「本尊法是現證永遠、價值、聖愛、創造」一事）。意思是說，真言行者每一句的持誦真言就是每一個的當下了悟，了悟本尊真我才是自己的真實源頭，這了悟本身就是修行；所謂修行本尊法者，就是不再誤認「無始無明」「業的限制」為自己生生世世第一因，而是堅定「本尊真我」才是無始無終唯一永恆存在的本然狀態。這就是「心為能入」之妙趣！

真言密法行者不管是修那一個本尊法，也各具足五智，故都能夠成功圓滿「三密相應、秘密莊嚴」。只須行者成為本尊的「自覺聖智」，即做到「身口意」盡是本尊的功能，從而堅定成為「佛建設淨土」生命活動形式，以及其終極目標的成就（功德）。當中，正如前說「意」就是佛教早期唯識家翻譯中所指的第七識之「自我意識」，又稱「末那識」，「意密相應」即是真言行者透過本尊法能契入大我意識，故能以周遍法界無始無終的「本尊加持力」為真我；「身」在佛教唯識家翻譯中泛指「眼耳鼻舌身」之前五識，「身密相應」是指真言行者的生命覺受乃至活動即是本尊的知覺與行動；「口」是言説，佛經講「思惟即言説」，故真言行者念念持誦是本尊真言，但凡本尊真言無非是一種「智讚」，讚嘆本尊的大悲大智力（故持誦真言，又名「智讚」）及本尊的弘法力。如此行者念念「身口意」能堅定為本尊之「身口意」，就是「三密相應」。本尊「三密相應」，就是生命之道。在堅持「三密相應」的生命活動中，行者可以體證其本尊的真心真性、生活動力，活出一條自在解脱之路，最後成就一個「佛住世」的人生故事。

真言宗經典及儀軌中描述鑄造各本尊形象、生命活動及其生活之「動因（羯磨）」，其施設就是讓我們透過本尊儀軌修持，都能把世界看成本尊世界、把世間諸多活動看成為本尊的生活。最後，大家都能真的去從事本尊生活。

一位真言宗在家阿闍梨不論是選擇任何本尊，證得「三密相應、秘密莊嚴」其實也是一樣。因為不論成為了什麼本尊，各各本尊的弘法功能越發展，本尊的各具五智本質就越明白了，弘法大師「即身成佛偈」稱之為「各具五智無際智」。而就在成就這「各具五智無際智」中，將有一種即身成佛的新洞見：我們只在踏踏實實地在把世間諸多活動轉化成為本尊的生活，把現前人間世轉化成殊勝無礙的本尊曼荼羅世界，即在建設本尊淨土。這時，世間活現一個互聯互助的本尊世界(具足法界力)、世間諸多活動都成為本尊的生命活動。

總而言之，亦唯有成就本尊三密相應者，才能掌握到改造世界的力量，參與建立，並最終達到成就本尊的曼陀羅（建設淨土）預期的效果 — 能從大眾中喚起一群本具誓願做回本尊的人，組成一個本尊們在人間生活和工作的「即身成佛的團隊（曼荼羅）」，即名「佛建設淨土」。回顧佛教歷史，佛法修行及成佛，由佛陀開始，從來也只能是「成佛團隊」的事，是一個能「喚起絕對使命感（本誓願）去改造世界」之團隊的事而已。

最後，在此借《維摩詰經》之「無盡燈法」，加持大家一起來共證即身成佛。《維摩詰經》云：「有法門名無盡燈，汝等當學。無盡燈者，譬如一燈燃百千燈，冥者皆明，明終不盡。如是，夫一菩薩開導百千眾生，令發阿耨多羅三藐三菩提心，於其道意亦不滅盡，隨所說法而自增益一切善法，名無盡燈也。」大家不要只在佛教理論上空談而不去遵行，否則結果仍是與佛相違背、與本尊生命相違背。我們必須藉「修持本尊儀軌」的活動提煉我們成為本尊的意志，使生活一切行為符合本尊「身口意」三密的要求（三密相應），並活現出本尊「開導百千眾生，令發阿耨多羅三藐三菩提心」的傳法人生，這繼而會使我們更為堅持成為本尊「於其道意亦不滅盡，隨所說法而自增益一切善法」，這「一念堅持」於獲證即身成佛之生活動力，是必須的。

第十九日談
「修本尊法首重視開悟見性」一事

佛法修行首要重視開悟。正純密教也不例外，有了開悟，才有真實修行，最後此身命才能「顯得成佛」。

開悟有何用？可以讓我們超越自我，立刻止息「對自己現況之不滿意」。

開悟主題是什麼？了悟真我。了悟真我是本尊清淨法身，這是最終的目標。真我本尊法性之光，輝照在真言行者心智上，如如唯一，圓滿真實。

如何獲致了悟真我？了悟真我是本尊法身，並非獲得新事物，而僅是對自性有一個清晰的認知，排除「我是罪業眾生」的想法；移走雜物，「空」本來在此；所以僅是排除「自己現況之不圓滿」的思想，本尊法性之真我，是「本來在此」。

如何認識真我？認識真我，《大日經•住心品》開示為「無所住而住其心」。真我，就是本尊法性，即「存在(Being)」本體，絕對圓滿。若就二元相對之「自我(being)」而言，「真我」是不存在的，故是「無所住」的。若能承認「真我」為絕對圓滿之本尊法性(法性者，是一切事物共通的無形之真理)而安住於當下，是謂之「無所住而住其心」。如是住心，即能消除自己小我，而生起本尊心。

了悟真我，還須努力嗎？對於了悟真我就是本尊法性者，其所應為者僅是安住於本尊清淨法性而已。因為任何凡夫「我是如何如何」的概念，必生愁困。眾生由於想像自己有別於圓滿實相，於是內心生起對立的感覺，然後費力修行消除分別。不努力，焉能體認到「自我之思維起源處」就是「真我」？然而，若是已深入認識真我無一片刻不在，又焉須努力？真我即是個人生命本然的「在」，安住於「在」，其圓滿真實始終輝照。

悟者的世界觀是什麼？與未悟者的觀點有別嗎？悟者觀世界，但見真我為世界萬象的底蘊，所以不會被世界萬象欺矇。未悟者所觀，著相於萬物的表面，而昧於真我。

悟者應如何在世間生活與行動？悟者因業力（羯磨）牽引，而有今生之身體。此身將隨順業報而有諸多思惟及行為活動。然悟者雖身歷其間，卻又並無「我在作為」的思惟。悟者本身，安住於真我，深悉自己並非身體，亦洞悉自身歷諸事，並無疑惑，僅是真我某種力量（法界力）透過自己的身心在運作，使活動遂行，畢露其功德。

悟者在世，恆視萬物平等，但萬物現象各異，則如何説萬物平等呢？雖然萬象有別，但表象下的底蘊唯是真我絕對圓滿之本尊法性，也就是説有一個真理、一個絕對價值，那是真實。

悟者雖仍觀知萬象獨異，但悟者同時能安住於真我（瑜伽相應），掌握萬象下的深層真實（本尊之真寶），故悟者並無個我的偏好，而說平等。凡悟者的身、口、意之活動，皆來自這個深層的真實。

什麼是悟者生命最大的秘密？三千塵點劫久遠實成，卻要在每一生示現由迷到悟始成正覺，這是世界上最大的秘密！我們已然是真我，卻由於以為自己有別於真我圓滿實相，於是內心生起「惡業遮蔽」的不圓滿思想與感覺，然後費力修行消除遮蔽，直到有一天「真相大白」，發現真我原本就在眼前，我就是那個真我，真我就是「存在（Being）」本身，我們一定都會「始覺從前錯用心」！

第二十日談

「內護摩」一事

約在公元前二千年，阿利安游牧民族由印度西北狹窄小道入侵印度，到達印度河兩岸和五河地帶定居下，阿利安詩人、歌者(最早的印度婆羅門種姓、智者、仙人、祭司)，憑仗著對宇宙驚人的直觀，採用唱誦方式，創造出大量謳歌自然和幻想中有相自然神和無相抽象神的神話形式的詩歌，口耳相傳經過若干世紀後，再纂集成編而成為了《梨俱吠陀》(Rigveda)，意譯是「歌詠吠陀」，是婆羅門教四本《吠陀》聖典之一。

《梨俱吠陀》神話中的諸神，大部份都是印度阿利安族所相信之世界起源之物，如天父地母、太陽神、黎明女神、雷電神、風神、火神，當中也結合了一些印度風土習俗之神祇，如五大明王、孔雀明王、大元帥明王(大元帥明王後來成為了正純密教之毘沙門天王)。眾多神祇後來被正純密教吸收演變而攝入密教「曼荼羅」中，諸如五大明王、孔雀明王、毘沙門天王、水天、火天、日天、月天、風天等，這些都是密教「曼荼羅」中具代表性的本尊，而密教之真言，可以說是從《梨俱吠陀》的咒為其雛型。

古印度婆羅門教的宗教儀軌和咒法是不可分的，故在吠陀祭祀中對於咒文及咒法極為偏重。而在奉獻《梨俱吠陀》諸神之明咒中，其內容都是治病、長壽、增益、贖罪、和合、女事、調伏、王事等，無非是達成願望的手段的外道思想，故在諸吠陀祭祀及咒文中，是以「息災」、「增益」與「調伏」等咒文為其主流。這些修法被正純密教所吸收及「純淨化、精神化」來作「入我我入觀」，人修行之就能「即身成佛」。然而《大日經》系統之「息災」、「增益」、「調伏」三種儀軌修法，以及《金剛頂經》系統之「息災」、「增益」、「調伏」、「敬愛」、「鈎召」五種儀軌修法，跟吠陀祭祀表相雖同，但正純密法修法之目的為「出世間法成就以得成佛（如來內證甚深秘密)」，繼而「世間法亦無不成就」，以資現世解難息災增福，普利眾生。

印度婆羅門在吠陀祭祀中，不只有以供物供養神而已，還有以供物投入火中燒，由火神「阿耆尼(Agni)」作媒介傳達於諸神之燒供法，名為「護摩」。阿耆尼意譯為「火」，是婆羅門教火神的名字。《梨俱吠陀》歌頌火神，說他的火和煙遍充三界，支持三界，為神群中的第一神，是萬神朝拜的對象；火神護持眾生，像母親懷抱孩子一樣；火神應人間信徒的祈禱，率領天上神群搭乘他的神輿一起下凡來接受並享用祭壇上醇美的酥油、仙酒和其他祭品；火神常被善男善女在舉行護摩事火祭祀時所表現出來的虔誠與敬意所感動，親臨祭壇接納享用美味的供品。所以，在婆羅門教信仰中，火神比別的神祇，更加接近人類的生活。

正純密教亦有將此外道之護摩加以「純淨化」、「精神化」成為正純密教特有之「內護摩」法，大意如下：

一、《大日經疏》云：「護摩，是燒義也。由護摩能除諸業。」

二、《尊勝軌》云：「護摩者，此方為火天。火能燒草木卉林，無有餘者。天者，智也。智火能燒一切無明株杌，無不燒盡。遮那大日，即是法身。火天智火，即是應身。己身能住方便，即是化身也。」又云：「護摩是梵語，此翻焚燒。其義云法、應、化三身一體。智火以燒盡煩惱種子之意也。若不解此密意，修行護摩時與世間外道吠陀梵士邪火何異？」

三、《大日經疏》云：「若真言行者但作世諦護摩(不明三身一體者)，不解此中密意，則與吠陀火祀豈不相濫耶？」

四、《釋護摩義鈔》云：「護者三毒十過，摩者摩滅生死罪業。」又云：「凡護摩有內外。謂世間外道之邪火，為外護摩。無漏真實智火，為內護摩。今佛所說一切智火真護摩法者，只是為令對治外道事火邪護摩，知出世無漏真實智火方便也。」

五、《釋護摩義鈔》云：「佛所以作此說者，欲伏諸外道，分別邪正，令彼知有真護摩。」

六、《釋護摩義鈔》云：「今佛自說吠陀原本，而於其中更顯正理真護摩法。此佛吠陀當知為第一秘密之藏，彼聞已生希有心，即生信解也。」又云：「我昔未成覺，無所曉知，略說如上四十四種火法，廣則無量，如彼吠陀典中具明。今成正覺。後說真慧之火十二種法，所謂能成大事，除盡一切垢障之暗而成大事，不同昔日邪道非法之行也。」

七、《金剛頂瑜伽護摩儀軌》云：「（護摩）說多種，略說有五種，……此四種五種六種護摩等各各不同雖有之，總云不出內外二種護摩。此時四種護摩理智平等，差別德相次第也。謂一切諸法不生，寂靜義，是息災也？一切所生，福智二嚴（秘密莊嚴），是增益也。斷盡一切煩惱，是降伏也。六道流轉眾生，召入本覺，是敬愛義也。所詮護摩者，是梵燒義，此方云火天。天，是智義也。此智，即毘盧遮那心內自性智也。而以此自性智，能照一切諸法時，所照無明株杌忽斷盡，塵塵萬法皆悉住本不生至理，無不一毘盧遮那德相分別，是云內護摩法。」

八、《金剛頂瑜伽護摩儀軌》云：「所謂即事而真，故即外護摩成內護摩深旨。若行外護摩人不知內護摩觀心，決不能成悉地。」

九、《瑜祇經疏》云：「或直用內（內護摩），能得成就。若直用外（外護摩），不得成就。故作外（外護摩）法，必用內（內護摩）觀。」又云：「阿闍梨，即作內護摩。若淺行人，即作外法，而究竟為內法因。」

十、《瑜祇經疏》云：「所詮護摩法大事，本尊智火，爐壇智火，行者智火，同具照見性，故成此三平等觀智時，無明煩惱皆悉斷盡，無有遺餘，是云護摩法三（三種智火）和三平等源旨也。」

從外相看來，以物投入火中燃燒，似乎同於外道之護摩。然此雖和外道形式相同，但予以正純密教化的護摩之火，即是如來之智火；爐之全體即如來之身；爐口是如來之口。如來之身、口、意，即行者之身、口意，以此三平等觀之實修，而充實正純密教精神之處，即是正純密教護摩特質的發揮。

若再進一步來說，不論供養是否用火為媒介，於正純密教，以事理不二、物心一如為立場故，所捧之一花一香當體即是貫天地之生命體，供養之供具或所供之佛同時也都是全一絕對之物。以心前不立凡境，於佛與佛的交涉關連之雰圍氣中，互相供養，其供養境地為修養體驗，乃是正純密教供養法之旨趣也。

第二十一日談

「《佛頂尊勝陀羅尼》為開示大手印」一事

正純密教之一切本尊法，悉能令行者得一切如來神力加持、證如來壽量、相應定慧、獲無上供養功德、普證清淨、即身成就，所以皆可名「大手印」。

正純密教之經典之一，不空三藏譯《佛頂尊勝陀羅尼》及其《注義》，則是開示大手印之「經部」。真言宗八大祖師及第九大祖師悟光上師，都極為重視《佛頂尊勝陀羅尼》。只要大家以之作為一切本尊法之「修證法則」，自能由四種灌頂進而體證「法界體性」之第五種灌頂，達到完全證悟的佛果（請細閱《真言宗本尊法　三十日談》之二十二：「本尊法之五灌頂與四涅槃」一事）。我們從正式開始修行真言宗光明流密法的第一天起，就必須學習背誦《佛頂尊勝陀羅尼》，乃至每次集體本尊法共修法會都必須持誦《佛頂尊勝陀羅尼》，也正是這道理。世間沒有比這更好的成就捷徑了。

大手印，即「一切如來神力所加持之印契」；手印，即「印契」義。大手印之圓滿修持，就是「即身成佛」。《佛頂尊勝陀羅尼注義》説：「一切如來神力所加持大印。所謂大印，由入毘盧遮那曼荼羅，受灌頂已後，灌頂師受得本尊瑜伽三摩地。觀智，一念淨心；瑜伽相應，行者別尊心等同毘盧遮那及諸菩薩，能現入相成道，速證薩婆若智也。（一切如來神力所加持大印）娑嚩訶者，涅槃義。所謂四涅槃：一、自性清淨涅槃。二、有餘依涅槃。三、無餘依涅槃。四、無住處涅槃。」【原文：「薩嚩怛他　多地瑟　曩地瑟恥　多：一切如來神力所加持。摩訶母怛：大印。所謂大印，由入毘盧遮那曼荼羅，受灌頂已後，灌頂師受得本尊瑜伽三摩地。觀智，一念淨心；瑜伽相應，行者別尊心等同毘盧遮那及諸菩薩，能現入相成道，速證薩婆若智也。娑嚩訶：娑嚩訶者，涅槃義。所謂四涅槃，一自性清淨涅槃，二有餘依涅槃，三無餘依涅槃，四無住處涅槃。」】

只需如法修持真言密教代代相傳之本尊法，即能得「一切如來神力所加持之印契(大手印)」。《佛頂尊勝陀羅尼注義》說：「一切如來神力所加持印契，若廣釋，身印、語印、心印。金剛印，如「理趣般若」說，金剛鉤、鎖，身清淨。一切清淨；一切障者，所謂業障、報障、煩惱障，皆得清淨也。」【原文：「薩嚩　怛他多　地瑟吒　曩　地瑟恥　多：一切如來神力所加持。摩訶母捺哩：印契。若廣釋，身印、語印、心印。嚩曰囉　迦也　僧訶多　曩尾舜第：金剛印，如『理趣般若』說，金剛鉤、鎖，身清淨。薩嚩嚩囉：一切清淨。拏播野訥底　跛哩尾舜弟：一切障者，所謂業障、報障、煩惱障，皆得清淨也。」】

既得「一切如來神力所加持印契」，繼而能「證如來壽量」。《佛頂尊勝陀羅尼注義》説：「壽命增長，皆得清淨，誓願加持。世寶法寶，所謂福德、智慧，三種資糧。」【原文：「鉢羅　底儞靺多也阿欲舜　第：壽命增長皆得清淨。三麼耶　地瑟恥　帝：誓願加持。麼抳　麼抳　摩訶麼抳：世寶法寶，所謂福德智慧三種資糧。」】

既「證如來壽量」，自然能「相應定慧」。《佛頂尊勝陀羅尼注義》説：「真如實際遍滿清淨，顯現智慧清淨最勝、最勝，真俗二諦。昧勝，勝，悲智二門。念待定慧相。」【原文：「怛他多步多句致跛哩舜第：真如實際遍滿清淨。尾薩普　吒沒地舜　第：顯現智慧清淨。惹也　惹也：最勝、最勝，真俗二諦。尾惹也　尾惹也：昧勝，勝，悲智二門。娑麼囉娑麼　囉：念待定慧相。」】

既已「相應定慧」，契入最勝悲智，自然菩提心堅固如金剛，證「無上供養功德」。《佛頂尊勝陀羅尼注義》說：「(供養功德門) 入而佛加持清淨，菩提心堅固如金剛也。證金剛藏，願成金剛，或議、或為他念誦，稱彼名字。」【原文：「薩嚩沒馱　地瑟恥　多舜第：入而佛加持清淨。嚩曰：菩提心堅固如金剛也。嚩曰囉陛：證金剛藏。嚩曰覽婆嚩：願成金剛。覩麼麼：或議或為他念誦稱彼名字。」】

既獲大手印「無上供養功德」，即能「普證清淨」。《佛頂尊勝陀羅尼注義》說：「一切有情身清淨，一切趣皆清淨；一切如來安慰，命得加持，令悟能覺；令悟能覺，普遍清淨。」【原文：「薩嚩薩怛嚩　難　者迦也尾舜弟：一切有情身清淨。薩嚩底跛哩舜第：一切趣皆清淨。薩嚩怛他多三麼濕嚩　娑地瑟恥　帝：一切如來安慰，命得加持。沒　沒胃馱也：令悟能覺，令悟能覺。舜第：普遍清淨。」】

以「大手印」作為修證本尊法之「修證法則」，第一門是「歸命尊德門」，只因本尊相應者，實際上就是高尚人格之本尊以一個純粹奉獻者身份的顯現。《佛頂尊勝陀羅尼注義》説：「歸命世尊，三世最殊勝，大覺者世尊。」【原文：「曩謨　婆誐嚩帝：歸命　世尊。怛路枳也：三世亦三界。鉢囉底尾始瑟吒野　沒馱也：最殊勝大覺者。婆誐嚩帝：世尊。」】

以「大手印」作為修證本尊法之「修證法則」，第二門是「章表法身門」，只因本尊真我，無生無死，過去存在、現在存在、將來也存在，太始無生，永恆常存。

《佛頂尊勝陀羅尼注義》説：「亦即説，一切法本不生。」【原文：「怛儞也他：所謂，亦即説。唵：亦云一切法本不生，亦云三藏，亦云如來無見頂相也。」】

以「大手印」作為修證本尊法之「修證法則」，第三門是「淨除惡趣門」，只因身軀可殺，本尊真我不可殺。成就者無有老死等諸苦，於水災、火災及風災亦無所懼。《佛頂尊勝陀羅尼注義》說：「淨除淨除，普遍照曜，舒遍六趣稠林，自性清淨。」【原文：「尾戍馱也：淨除。尾戍馱也：淨除。娑摩娑摩三滿多　嚩婆娑：普遍照曜。娑頗囉拏：舒遍。底誐訶曩：六趣稠林。娑嚩婆　嚩尾舜弟：自性清淨。」】

以「大手印」作為修證本尊法之「修證法則」，第四門是「善明灌頂門」。《佛頂尊勝陀羅尼注義》說：「灌頂我等，善逝殊勝言教，不死甘露灌頂，唯願攝受，唯願攝受，壽命即是住持。」【原文：「阿毘詵者覩：灌頂我等。素多：善逝。嚩囉嚩者曩：殊勝言教。阿蜜哩多　毘灑罽：甘露灌頂，亦云不死句灌頂，露者法身解脫。阿　訶囉阿訶囉：云唯願攝受，唯垂授攝受，亦云遍攘脫諸苦惱。阿欲散馱　囉抳：任持受命。」】

依此四門（第一歸命尊德門、第二章表法身門、第三淨除惡趣門、第四善明灌頂門），是前行，即《三力偈》之「自己功德力」部分。行者繼而即得一切如來神力加持（第五神力加持門），是體證一切如來所加持，即《三力偈》之「如來加持力」部分，我放在本文第三段。第六至十門（第六如來壽量門、第七相應定慧門、第八供養功德門、第九普證清淨門、第十即身成就門），是圓滿成就，也是這篇文章之中段，亦是全文重心，更是《三力偈》中「及以法界力，普供養而住」之所實證。故知正純密教本尊法之所修證，就是大手印成就了！

總而言之，世間的而且確再沒有比依「大手印十法門」來修證本尊法更好的成就捷徑了。

第二十二日談

「本尊法之五灌頂與四涅槃」一事

真言行者修本尊法是必要的，藉此方可獲得「一切如來神力所加持大手印」，成就般若與方便。

透過本尊儀軌的法門來修行持誦真言，當見自本性即是無生法身時（是大圓鏡智境界），了悟自己和本尊是不二的（平等性智境界），便接近本尊，能任運本尊的身、語、意了（是成所作智、妙觀察智、平等性智境界），這樣才是真正的了悟根本沒有和自己分開的本尊。

所有一切無量諸佛、菩薩、本尊及其眷眾等，無論任何形象，皆是法身的一味；就本尊功德而言，祂們是不可分的（法界體性）。故每個人都可以修任何自己覺得親近的本尊。若修持一尊，就是修持全部一切諸佛，故繼續修行一尊法下去是必要的；若成就一尊，也就是成就全部，這樣才是真正的了悟根本沒有和自己分開的法身(法界體性智境界)。

若行者正見上已具信心，對本尊不抱持任何懷疑，透過行住坐臥持誦真言、觀想自身即是本尊「殊勝的色身」，如此修持而臻至正念昂揚時，就會「自見本心」即本尊大悲大智之示現，「自識本性」即本尊的形象之安住，且以「無所住而住其心」，這就是本尊法之所證，就是不認為本尊是某個色身，了悟「本尊即法身，法身即自性」，即是成就了本尊，又名獲得一切如來神力所加持「大手印成就」。

修本尊法到達大手印成就時，自能體證五種灌頂，達到完全證悟的佛果：

一、瓶灌頂者，即代表東方之阿閦佛：東方瓶灌頂以前，凡夫下劣身見執著已清淨，已受三昧耶戒位也(三昧耶戒亦名菩提心戒）。又瓶者，表童瓶身寶也，即表佛身金剛，故為初。瓶灌頂，身灌之首。瓶灌頂、寶冠灌頂、金剛杵灌頂、鈴灌頂四者，皆屬身灌。瓶灌頂於證果時，能轉第八識為大圓鏡智。

二、寶冠灌頂者，即代表南方寶生佛：南方寶冠灌頂以前，凡夫下劣不執著已除盡。寶冠灌頂即是戴寶冠。古時印度之國王就位即先灌頂後寶冠，秘密軌則先寶冠後灌頂，此時之灌頂乃是護念之義，由三密四智印相應，以至成就究竟三界法王位為果。寶冠灌頂於證果時，能轉第七識為平等性智。

三、金剛杵灌頂者，即代表西方阿彌陀佛：西方阿彌陀佛金剛杵灌頂以前，凡夫貪圖下劣欲樂俗見已除盡。西方為蓮花部，又為一切如來語金剛（佛語），何不用蓮花代表而用金剛杵呢？西方語金剛者，屬法部，一切佛法從此方出生，金剛杵能代表五大五智，能包括一切法。金剛杵灌頂於證果時，能轉第六識為妙觀察智。

四、鈴灌頂者，即代表北方不空成就佛：北方不空成就佛鈴灌頂以前，凡夫下劣妄自菲薄無有佛分之疑心除盡。北方為羯摩部，鈴的鳴振象徵無限說法，於修道上能現起我即不空成就佛佛慢，令自他沈浸法悅。鈴灌頂於證果時，能轉前五識為成所作智。

五、名灌頂者，即代表中央毘盧遮那佛：中央毘盧遮那佛名灌頂以前，凡夫下劣愚癡不解佛性一切眾生本具之障除盡。此名，即是上師金剛持對以五方佛總體自性之弟子一種授記，異日成佛即用此名，如燃燈佛授記釋迦牟尼。名灌頂於證果時，能轉色蘊入第九識（直稱為佛識，或曰不動識），成法界體證智。

修本尊法到達大手印成就時，能證四涅槃，又名「大圓滿」：

一、自性清淨涅槃：本來是滅盡的，本來就是滅度的；本來我們就是住在這個家，離開了家才能再回家。不用滅度，當體就是涅槃體。涅槃體發生諸法，故涅槃而不涅槃，一切法本來就是涅槃體。以理來看，無論是人類或禽獸，無論是多足、八足、六足、四足、二足、無足等一切動物，無論胎、卵、濕、化，一切的動物，還有一切的植物，一切的礦物，一切的個個都是如來，為什麼呢？因為各各都是宇宙的真如本性所變，所以各各「自性清淨涅槃」。

二、無餘依涅槃：體入到中心涅槃體再看出來，森羅萬象，涅槃而不涅槃；涅槃是以悟境來看，所以一樣有活動，只是再無執著、無住著而已，不用再加個涅槃。我們修行是在修什麼？是修滅除煩惱，二無我就能入涅槃，入涅槃則自在，無煩惱故自在。然而當體就是涅槃體了，故不用再加個涅槃。本來是佛，頭上不用再安一個佛，無佛可以再生，本來當體就是。因為本來是滅盡的，本來就是滅度的，佛才能「命令」一切眾生入「無餘（依）涅槃而滅度之」，《金剛經》說：「所有一切眾生之類：若卵生、若胎生、若濕生、若化生、若有色、若無色；若有想、若無想、若非有想非無想，我皆令入無餘涅槃而滅度之。如是滅度無量無數無邊眾生，實無眾生得滅度者」，我們應當以佛悟到的眼光入到中心涅槃體再看出來，一切眾生就個個都是如來，也是諸佛。以涅槃體處看一切諸佛，全部都滅盡了，沒有一個不滅盡的，即是「無餘依涅槃」。

三、 有餘依涅槃：知道了涅槃體有作用嗎？有！這意味著我們自學習此經法以來亦本是「無餘涅槃（恆常）」；如是自我們盡此一期短暫生命作「當體的認定」之修正，這一期短暫生命修法（有餘涅槃）本身是恆常（無餘涅槃），故佛說「如是滅度無量無數無邊眾生（無餘涅槃），實無眾生得滅度者（有餘涅槃）」。當體的認定即是涅槃，但一樣有生命活動，所以涅槃而不涅槃，即是「有餘依涅槃」。

四、 無住處涅槃：若住於此「無餘涅槃」中即無法利益一切眾生，為饒益彼等眾生，我應當生起「如是滅度無量無數無邊眾生，實無眾生得滅度者」之「恆常工作」的佛之化身以降伏自心、清淨自身。簡單來說，此修法是要我們在無餘涅槃中去做有餘涅槃的工作；在有身有精神之下，住於涅槃中工作，這就是「無住涅槃」。從這點來看，即知已是無餘涅槃，但並不是無滅度眾生工作，只是無執著、無住著而已。

總而言之，因為眾人都是大日如來的本體，天地與我為一，萬物與我同根，同是「一」的內容，故名涅槃體。眾生都是涅槃體而不涅槃，一樣有活動故涅槃而不涅槃。真言行者發揮自己的功能，本身要覺悟，這樣滅度眾生工作就是無住涅槃之妙行了。照常的去做，與別人一樣的去做，但這時你覺悟的與別人覺悟的不一樣，這即是大手印之自內證。當你知道這個道理並去工做，自己會知道，這便是大手印的自受法樂；令他人去做自己也感覺滿意，便是大手印的他受法樂。此自證兼化他，別人也好我也好，就是獲得「一切如來神力所加持大手印」成就之般若與方便了。

第二十三日談

「本尊法是自解脫的認知」一事

認識「自我的真實狀況是本尊法身」、「自性圓滿」，這是我們修行本尊法之基礎。若沒有這個根本認知，即使一位真言行者已精通密教所有本尊法之事相，亦只是一個門外漢，仍是外道的修法。

凡夫完全以自我為中心的行為與偏見，造成這世界的分裂，自己活得支離破碎，與世界關係破裂，面對外世界之順逆自己既無能為力，對自己內心的秩序一樣是無奈。

很多佛教學者開始研究秘密佛教之《大日經》、《金剛頂經》和《般若理趣經》哲學，這種人只不過是哲學思想的奴隸，因為他們只學到一些關於自性圓滿的「純一、圓滿、清淨、潔白」理論概念，缺乏親證的真知灼見。

從根本上來説，自心的「自性圓滿」本初狀態，弘法大師具體地用了「四種曼荼羅」來表達。「曼荼羅」，就是本具無上創造力、不可思議力的宇宙本初實相。這無上創造力、不可思議力是由一群具足成就了本尊偉大秘密身份者（大），在其秘密身份所具備之偉大誓願（三昧耶）下，以秘密真言（法）來善護念並付囑能夠真修實證秘密莊嚴之真言行者，然後由這些真言行者顯得成佛地去做佛在世間弘法的工作（羯磨）而展示出來的。

而正純密教真言宗之本尊法修持，是以修行「入我我入」得「本尊加持」而證「入本尊曼荼羅」，這樣便能以本尊真我的偉大心靈，了悟自心的本初狀態唯是「自性圓滿」，並於剎那不動之偉大圓滿的真實狀況中從人生各種苦厄「自解脱」出來。

這自心的「自性圓滿」本初狀態，這自我的偉大圓滿真實狀態，並不是真言行者心靈所幻想捏造出來的一個假象，而是每一個個體及存在整體的本初狀態，《大日經》稱之為「胎藏界曼荼羅」。真言行者能夠輕鬆地透過一尊法而具體體驗到關於自身真實為本尊的偉大圓滿本性，故可不再受到世間苦樂順逆等之牽制，隨之而產生的一切生活體驗都是各各行者一一原始本尊狀態的秘密莊嚴，《金剛頂經》稱之為「金剛界曼荼羅」。

這「自我的真實狀況是本尊法身」、「自性圓滿」的認知，不單只意味著道理上了解自我的真實狀態，更是真修實行本尊法自證了本具偉大圓滿，亦是行者通過融合一般生活上思維波動起伏的干擾而契入自性圓滿的「純一、圓滿、清淨、潔白」之當下的本尊覺醒，儘管思維波動起伏有無數量種，當下一剎那的本尊明覺是永恆不變的，這樣所有自性生起的一切苦厄都會自行解放開來，這就是「自解脱」的真諦。所以修本尊法，了解並體驗如何利用個體所具有的思維波動起伏而契入自性圓滿，是至關重要。

「自解脱」是任何一位真言密教真修實證之行者所應當實踐於日常生活中的正確行為。以日常生活中的貪嗔癡為例，一般而言，當一個貪瞋癡念頭產生之時，凡夫都落入以自我為中心之分別思維過程，對事物賦予了太大的重視，因而便產生了煩惱散亂的生活行動。真言密教本尊法之修持，是在貪慾、嗔怒、愚癡生起之時，不阻止和抑制，行者都不假思索地將自己轉化為自身圓滿相的愛敬、忿怒、智慧本尊，最關鍵的一點是在讓慾火、怒火、愚癡暗蔽之火上升至宇宙顫慄的同時，都心無紛擾罣礙。這當中之至理，在於每一剎那都保持本尊三密相應之醒覺（明覺）。就是在每一剎那保持明覺中，行者能自見本尊圓滿本質的自性，發現自己由始至終皆處於本尊的原始清淨狀態之中，並藉由此本尊自覺而放鬆安住於圓滿本然。貪慾、嗔怒、愚癡將會逐漸減小，直至完全消失為此。每一刹那本尊三密相應之智慧明覺，就像陽光的無窮光芒，毫無限制地自然顯現，三毒之火如浮雲散盡，陽光終於無覊絆地照耀一切，這就是真言行者從自性圓滿中讓一切煩惱苦厄自然消溶解脱的日常狀態，是名「自解脱」。

認識「自我的真實狀況是本尊法身」、「自性圓滿」，就是我們修行本尊法之基礎。我們真正需要的，就是在本尊相應中打開心扉，了悟本尊法身就是自己自性，則一切罣礙苦厄都會自行清淨，並從中自解脱出來。本尊自解脱，正是我們應當實施於日常生活中的正道。除了修本尊法自證本具偉大圓滿和具足自解脱以外，天上地下再沒有任何力量能把您真正的拯救出來。

第二十四日談

「修本尊法成就甚深般若波羅蜜多」一事

與本尊瑜伽合而為一時，有何種成就的徵兆？當修持本尊法，到達本尊法性之相顯露時，般若智慧以及對所有人一視同仁的大悲心，都會自然顯現。隨著大悲心之增長，煩惱執著將自解脱，自然具足三昧耶、大悲、大智與功德資糧，即身證得究竟佛果。

修證本尊法成就，即名「行深般若波羅蜜多」者，常通達「現象即是真實」。真言行者於本尊瑜伽中，以自心為感，佛心為應：以自心為感，即是現象；佛心為應，即是真實。感應境界現前時，自與貫天地之大生命力相接觸，於其間感應道交，把握一大神秘之力，發揚種種之靈驗的結果，普施眾生。

修證本尊法成就者，始終本尊身語意三密相應，故能深解「甚深般若」之理趣。行深般若觀智，不住涅槃，不住世間；唯利益眾生故，於示現世間佛行時絕不會「仍處迷惑中而為人演說經法」的。

《中論》云：「涅槃與世間，無有少分別，世間與涅槃，亦無少分別。涅槃之實際，及與世間際，如是之二際，無毫釐差別。」故修證本尊法成就者，「不取於相，如如不動」：不住於有為而取於相，亦不住於無為而離於相，是名「不取於相」；以此自度，亦以此度人，是名「如如不動」。

修證本尊法成就，深解「甚深般若」者，恆以「緣生十喻」觀察一切法；因時時深契以下「十緣生觀」，即知我心佛心，皆畢竟清淨。

《大日經》之「緣生十喻」云：

一、一切業如幻：觀察一切業煩惱無所繫縛無所解脫，此一種觀，名「不思議之幻」。真言行者，依三密修行，得成一切奇特不思議事；法爾如是，不異淨心，而自在神變，宛然不謬。獨有方便具足得成悉地者，自證知耳。

二、一切法如焰：真言行者於瑜伽中，見種種特殊境界，乃至諸佛海會無盡莊嚴，爾進應作此陽焰觀，了知唯是假名，離於慢著，轉近心地，則悟加持神變種種因緣，但是法界焰耳。

三、一切性如水中月：月在虛空中行，而影現於水；實法性月輪，在如如法性實際虛空中，而凡夫心水，有我我所相現。月亦不來，水亦不去，而淨月能以一輪，普入眾水之中。我今亦復如是，眾生心亦不來，自心亦復不去，而見聞蒙益，皆實不虛；既能自靜其意，復當如如不動，為人演說之。

四、妙色如空：行者修觀行時，若有種種魔事，種種業煩惱境，皆當安心此喻，如淨虛空，雖於無量劫中，處於地獄，爾時意無罣礙，如得神通者，於空一顯色中，自在飛行，不為人法妄想之所塵污也。真言行者，修觀行時，若有種種魔事，種種業煩惱境，皆當安心此喻，如淨虛空。

五、妙音如響：持經説法者，深解義趣。真言行者，若於瑜伽中，聞種種八風違順之音，或諸聖者以無量法音現前教授，或由舌根淨故，能以一音遍滿世界，遇此諸境界時，亦當以響喻觀察，此但從三密眾緣而有，是事非生、非滅、非有、非無，是故於中不應妄生戲論，若爾自入音聲慧法門也。

六、諸佛國土如乾闥婆城：有上中下。上謂密嚴佛國，出過三界，非二乘所得見聞；中謂十方淨嚴；下謂諸天修羅宮等。若行者成三品持明仙時，安住如是悉地宮中，當以此喻（乾闥婆城喻）觀察，如海氣日光因緣，邑居嚴麗，層台人物，燦然可觀，不應同彼愚夫，妄生貪著，求其實事，以此因緣，於種種勝妙五塵中，淨心無所罣礙也。

七、佛事如夢：今此真言行者瑜伽之夢，亦復如是，或須臾間，修見無量加持境界，或不起於座而經多動，或遍遊諸佛國土，親近供養，利益眾生，此事諸眾因緣觀察，都無所起，不出一念淨心，然亦分別不謬。此事誰能思議，出其所以？然實獨證者自知耳。行者於如是境界，但當以夢喻觀之，心不疑怪，亦不生著，即以普現色身之夢，作無盡莊嚴。

八、佛身如影：真言行者，以如來三密淨身為鏡，自身三密門，為鏡中像因緣，有悉地生，猶如面像；如作如是觀故，行者心無所得，不生戲論。

九、報身如像：真言行者，於瑜伽中隨心所運，無不成就，乃至於一阿字門，旋轉無礙，成無量法門，爾時當造斯觀，但由淨菩提心一體速疾力巧用使然，不應於中作種種見，計為勝妙而生戲論也。

十、法身如化：如行者即以自心作佛，還蒙心佛示悟方便，轉入無量法門，又以心為曼荼羅，此境與心為緣，能作種種不思議變化，是故行者以浮泡觀之，了知不離自心，故不生著也。

故知，雖作佛事，始終如夢；雖證佛身，根本如影，如是正達一切佛的事業，無不如幻。

「緣生十喻」雖言佛行現象空無，但其根本之真如實相卻常住，所以不以有、不以無來論定一切諸法。真言行者唯以本尊（一切如來）的解脫味為基本，以根本不動之大安心成就，自契入此十緣生中道正觀，自不被有無現象所拘，自能安住於《金剛經》所說「應作如是觀」之真如當體的境地了。

第二十五日談
「本尊法就是自證一心」一事

修證真言宗「本尊法」，是不受時間性概念束縛的疾速成佛之道，具有不可思議力量。

凡本尊者，都是大日如來法身之「理體」以及觀見諸法實相之「智德」的一種具體象徵。一切眾生覺了成佛，皆依於通達「理智不二」。能夠通達「理智不二」，至「法性空」，這境界即是大日如來。法性空，是最上乘的空。最上最勝之空，就是法性（法性者，即法佛理體與智德之創造性）。

眾生即法性之顯現故，雖在法佛身（大日如來）中而自己局限，變成佛凡懸殊之分別境界。凡夫迷此，故自戮其生。至法性空，即證入法身成大日如來等流身的萬物，宇宙即我，我即宇宙，心如太虛，德遍法界。法性空悟境之證量，即成永恆之生命。永恆之生命，即大日如來自覺聖智之境界，是無苦無樂的本來寂滅相、不生不滅相、本不生相。本不生，即永恆的生命。

而「本尊法」之修證，《大日經》稱之為「心自覺心」，悟光上師於《阿彌陀秘釋》名之為「自證一心」。在本尊法之修證中，行者觀見諸法實相，即自證諸法乃至遍知眾生心品，唯是自性本尊之一心體相，故九界色心同備本尊之如來五智而森羅，是名「自證一心」。自證一心，就是瞭解一切諸法是自性本尊之一心所生的，天堂、地獄、淨土，皆全是一心。

修本尊法契入本尊法身，則知四種曼荼羅聖眾，本住行者五蘊假身而常恆；三密諸尊，常居九識妄心無邊。一心即諸法、佛界與眾生界不二而二；諸法即一心，佛界與眾生界二而不二。入本尊法界者，自心是本尊，本來一體，迷卻智顯，即身成佛。

修證本尊法者，於世間出世間諸法，覺一心平等理無障礙，此心究竟離分別執著而證「性（自性本尊）德（本尊智德）一心」，這是「自證一心」大意也。

十方三世諸佛、菩薩、明王、天部等之諸尊，皆大日如來法身異名（胎藏界之所證）、大日如來差別智印（金剛界之所證）。修本尊法而「自證一心」者，證一心平等，本初不生，一心體相；一心諸法如幻假有，本來法身功德卻無斷絕，豈能不入佛道哉？

修本尊法而「自證一心」者，乃至一切所出言語，無不一語成真，是名真言。迷之名眾生，悟之名佛智；一念誦本尊真言，即成無終福智，如帝網一珠頓現無盡珠像；持一本尊，即速滿無邊性德。故知佛界眾生，因「自證一心」覺，斷人法二我，示不二一心如如理智，是則佛果。

真言行者修「本尊法」，於持明觀尊期間，見到佛、本尊或其他現象，皆是一心的活動、五智的活動，即是大日如來理體內的活動。森羅萬象是大日如來變化出來的，一切佛、一切諸尊皆是大日如來變化出來的，我們亦是由大日如來變化出來的。「本尊法」之修行便是這般簡單，成佛並不困難。其實本來是成佛，但大家卻不知道！大日如來是一個象徵，象徵宇宙的真理，修行本尊法是要回到大日如來的道，就是返璞歸真返回大日如來所代表的道而已。

第二十六日談
「禪淨密之融合」一事

一、正純密教與淨土宗之「淨土觀」不同

專求往生淨土的宗為「淨土宗」。淨土思想並不存在於小乘佛教中，而是發展於大乘佛教，當中包括藥師淨土、彌勒淨土及彌陀淨土等。此專求往生淨土的淨土宗，原來範圍是極廣泛的，但淨土宗傳到中國後，漸漸變成特別強調西方極樂淨土，並鼓吹宣傳極樂世界之教主阿彌陀如來之願力大而殊廣，攝取力勝，與生於五濁惡世之末法眾生緣特別親，往生最易。故今天所謂淨土宗，多指以願生阿彌陀如來之西方極樂淨土為主之宗了。

正純密教則重視「建設淨土」思想。淨土乃菩薩（行者）基於自己修行之行願，信有成佛之能，於成佛之際同時建設完成之理想國土，即是自將「建設淨土」之淨佛國土思想。於其中已完全達成了一切之誓願：所謂淨佛國土、成就眾生的誓願。此見諸於種種大乘經典中，多有説及。可見正純密教與淨土宗之淨土思想大別。

於密教也説西方極樂淨土，此淨土於密教中不出大日如來之蓮華藏世界。《秘藏記》云：「此華藏世界最上妙樂在此中，故名極樂。」從密教之見地來説，西方極樂淨土教主阿彌陀佛，即是大日如來之一德，為妙觀察智。所謂過西方十萬億佛土，不外標示十萬億之功德所莊嚴而已。以此「西方十萬億國土外之彼方世界」為觀念或作觀照的世界，乃密教特質之淨土修行方便法門。

二、正純密教不認淨土宗的末法思想

此「往生淨土」思想於印度成立時，末法思想已甚濃。其傳入中國乃北齊時代，此末法思想亦非常盛行，之後醉心於此法者亦輩出，特別是唐朝之道綽乃至善導，主張末法「時教相應」為要，說什麼「正法、像法時代已過，今日乃末法之世，眾生根機漸次低下，成佛之行證入是很難的，故需要信受，對誰人而言都易相應、易入、易行之末法之教法」，故而鼓吹往生已現成實在之西方極樂淨土。另外，中國之善導大師對於《無量壽經》中「乃至十念」之文解為「稱名念佛」，認為諸種念佛中以此稱名念佛最易行，因而加以盛大鼓吹勸說，說此稱名念佛為淨土往生之正因、正行，其他皆是助業，不過是輔行而已。傳到日本之淨土宗，亦是繼承此善導大師的稱名念佛思想，認稱名念佛為極樂往生之正因、正行。及後親鸞聖人開創「信心決定、平生業成」之淨土真宗，宣說「興起念佛之心時，我們已經得救了」，就是身心都與阿彌陀佛成為了一體，並肩同行。

真言宗第八大祖師弘法大師說：「人法是法爾也，何時興廢機根絕絕，正、像何分？」完全立腳於「常恆現在」之「即身成佛義」上，不認淨土宗那般的末法思想。故對於西方極樂國土，正純密教真言宗之看法跟淨土宗之看法是截然不同的。正純密教乃視之為「觀照之淨土」、「己心之淨土」，並強調「三昧之法佛，本具我心，乃至安樂、覩史、本來胸中」。

正純密教之觀照淨土，只借圖像，開示令悟。弘法大師言：「秘藏深玄，不載於翰墨，只借圖像，開示令悟。但於經疏中秘略之，祇寓意於圖像中。圖像所示的種種威儀、種種手印，是諸佛菩薩大悲心的流露，瞻仰敬禮者，可以成佛。密藏真諦在此，如棄去傳法、受法，何求？」又言：「秘藏之奧旨不以得文為貴，只以心傳心者。」

三、機械式之稱名念佛與顯教之念誦真言陀羅尼相通

大眾化、通俗化、形式化之善導系淨土教，可以看做機械式之稱名念佛。力說依此而能往西方十萬億佛土外之極樂世界，以愈躭於自己欲樂者，似乎有利己主義之嫌，恰如印度之生天教或中國之道教。但依教門的施設者善導大師之精神來看，依此稱名念佛而捨去小我之根及「計執心」，淨心一意追隨阿彌陀如來的境地。此稱名念佛，是念聲互相融合，不思考所念者是什麼意義，而衹連續地去唱念。依此，心自然能統一平靜、離去所有分別、反省之垢穢，浸入一種獨特之神秘感。在此種心理的基礎上，才成立了稱名念佛之法門。故知，善導系之淨土宗，可以攝於真言密教「十住心」判教的第八住心之「一道無為心」(離能作、所作對立，體驗一如之心)了。

一般顯教中，於真言為五不翻之一，其「真言陀羅尼」修法仍是以無義為義的念誦法，這些不外是為要統一心神，體驗一種神秘感的方法而已。假使真言陀羅尼具有意義亦不去解釋，只令反覆口誦，其結果完全與淨土教之稱名念佛境地相同。

四、正純密教之念誦真言陀羅尼是「絕對念誦」

正純密教念誦真言陀羅尼，不單是浸入其神秘感為目的，其念誦的目標是本尊瑜伽，即以見自性本尊解脫、發出觀智、體認「全一之真我」為目的。於正純密教之立場，必依此來發現真我生命「本性(無形的真理)」，同時觀察「生命本性的自性」能生萬法，並時時都在「展現剎那於永恆」之「秘密莊嚴」境地。正純密教念誦就是為本尊瑜伽之目的來設的，其重點是「念持於心」，又名「一念心」。

正純密教之念誦真言陀羅尼，是「絕對念誦」，超越此世間念誦之能所、對立，自身住於本尊瑜伽，以宇宙遍滿之全一本尊當體，表現於行者全身，具足三十二相、八十種好。口所出之真言實義，表現本來不生之全一實相、內外一切諸法無一不是本不生之實相、自身本尊亦是本來不生實相之當體，這種觀法名「絕對念誦」，又名「出世間念誦」。依此念誦故，便縱念誦真言遍數不多，供養資具不全，亦會速成出世間體驗，悉地圓滿成就。

五、正純密教「秘密禪」跟中國禪宗「無相禪」不相同

「禪」是梵語「禪那」之簡稱，古代譯為「靜慮」，即靜止散亂心；或云「念慮」，心住一境。「禪」是印度宗教共通的特質，單以佛教來説，不論大、小乘教，都以此為重心。菩提達摩入中國，為中國禪宗初祖，經慧可、僧璨等至六祖惠能。惠能把繁瑣而複

雜的印度禪，「一變」而成為簡約的「中國禪」，是中國佛教史上至關重要的事件之一。

這變革是一場偉大的宗教革命，其革命家就是惠能（638－713年），而這一場革命的實行家就是神會（668－760年）。中國禪，以「摩訶般若波羅蜜法」及「無相戒」為核心主題，是專為把握自心真相，直接觸到實相的活現當體為目的而施設者，以「教外別傳，不立文字，直指人心，見性成佛」為基本。

惠能之下，又出有南嶽懷讓與青原行思兩祖。南嶽系傳至臨濟禪師為臨濟宗之初祖；青原系經五代而至洞山良介禪師為曹洞宗之初祖。臨濟宗、曹洞宗都是屬南頓禪之系統，是希望把握活現當體之姿而去探究一心之實相，其方法之禪悉皆是無相禪。《傳心法要》說：「動念即乖」或「學道之人若不能直下無心，累劫修行，終不成道。」如此徹頭徹尾以無念無想為基調。

但正純密教之「秘密禪」是不懼起心動念，而以善念或正念，集中於事物對境之上，專念堅持而達到究竟為特質。如觀月輪、或蓮花、或金剛杵一樣。為使無念無想為基調之禪者，明白秘密禪之妙諦，唐朝善無畏三藏《無畏禪要》說：「初學之人，多恐起心動念，專以無念為究竟而絕追求。凡念，有善念與不善念。二者，不善之妄念要止，善法之念決不可滅。要真正修行者，增修正念，非至究竟清淨不可。如人學射，久習純熟，念念努力，常於行住俱定，起心不壓不畏，思慮進學有虧。」

依此可知，《無畏禪要》「秘密禪」跟中國禪宗「無相禪」不相同處，在於其正念集中於境的「有相禪」特色。

六、中國禪之頓悟，不出《無畏禪要》秘密禪經驗之「剎那心」

中國禪宗，曾出現「南能北秀」。其中北宗禪之神秀以《楞伽經》中之「漸淨非頓，如菴羅果漸熟非頓」為基，基此「漸漸修學必到成佛」為主眼。反之，南宗禪之祖師則以《楞伽經》中：「明鏡頓現、日月頓照、藏識頓知、法佛頓輝。」的「四頓列」；或依《金剛經》不經修行過程力説直觀地、瞬間地、到達證悟境界。

臨濟宗、曹洞宗、黃檗宗都是屬南頓禪之系統，是希望把握活現當體之姿而去探究一心之實相，其方法同樣皆是無相禪。

《無畏禪要》裡有描寫禪經驗之徹底真相：「於修禪觀，觸著某契機，瞬間恰如雷光，現出身心脱落之悟境。而此是暫時即滅，故云剎那心。體驗此之後，念念加功，如水流相續，曰流注心。更積此功不息，靈然明徹，覺身心輕泰，至翫味其境，此曰甜美心。依此離去起伏隱顯心之動亂，曰摧散心。離此散亂心，無染無著，達到鑒達圓明之境地，曰明鏡心。」南宗禪之頓悟，其實仍不出此禪經驗之五種過程的第一階段之「剎那心」而已。黃檗大師云：「大悟十八遍，小悟不知其數。」其所謂「見惑頓斷如割石」的境地，恐亦不出此之範圍呢！由此看來，南宗禪之頓悟雖言瞬間性，亦是有返操修煉之必要。

然而，依密教秘密禪之「事理不二、物心一如」之見地，都以其事物當體直即為生命的存在，為「全一法身或法界」觀其真我之姿態，此處才能潛入深奧的密教學背景。《大日經》開頭就以「住心品」從密教立場安住心神，亦即是明示安心要領。強調此等同於禪宗的「識此心，見此心，得此心，捉此心」。

弘法大師「十住心」之第七住心即該當三論宗來說明：「心王自在，而得本性之水；心數之客塵息動濁之波；乃至悟心性之不生，知境智之不異」等字裡行間看，實有暗示此禪宗之思想。要之，禪宗雖言教外別傳，不立文字，亦並非完全不用文字，只是針對激情止念而到達悟境上說此而已。於真言密教之立場看此「遮遣迷情以拂外塵」為專一之旨，仍不出三論宗之境地而已。

七、今總說「禪淨密之融合」

當先認知吾人因常為感情或慾念所搖，為此所歪而映出不安或煩惱了，為要斷滅根源，佛即教與人「心正」、「安心於一處」的方法。此就是「禪」或「止觀」也。

但是佛滅後，安心方法漸失去其精神，佛教遂成形骸化。只誇高遠之哲理，而變成學解佛教的盛行，中國早期佛教也魅此風潮失去生氣。當時由印度來了一位求那跋陀羅(394－468年),他是《楞伽經》之修證者及翻譯者,而彼時之中國學僧學「佛道」而又徒重名譽,歪於嫉妒心,為此心不安靜。求那跋陀羅因而嘆説:「若要成佛,先學安心」,或「學大乘者,先無學安心,定知有誤」等,而力説安心為重要之科目。

後來,達摩渡來欲傳此安心法,但悉為學解之徒所因,受彼等誹議,終於入嵩山面壁。當時只有道育、慧可二人,心服達摩,經數載之時間虔敬而事奉養。達摩被其精誠所感,誨以真法,此即大乘(禪宗)安心之法也。此禪宗安心法是《金剛三昧經》所謂「人心神安坐,令心常安泰」者,達摩把此安心法稱為壁觀。壁觀者「面壁,令人不見其處。」如此面對牆壁,外息諸緣,心統一於內也。此識本心也,見心也、得心也、捉心之道也。

至禪宗之第四祖道信(580－651年)對安心法與念佛之關係云:「念佛心相續,忽而澄清,更不緣念,乃至念佛即念心,求心即求佛。所以無形無識,至佛無相貌,知此道理,此即安心也。」

依道信之立場去活用淨土法門者,可說是唐朝之善導大師(613－681年),他在其《往生禮懺偈》前序中以「今欲勸人往生,未知如何安心、起行、作業,定能往生其國」作問,答云:「無雜任何疑惑心,以『至誠心』為本。心專注於極樂淨土,由心之深處憧於生彼,所謂起『深心』。見何,聞何,悉皆迴向往生極樂;無論如何都要往生其國;發願要見其國之主阿彌陀佛,所謂起盛大迴向『發願心』,依此必能往生淨土。如斯具此三心必能安心。」

依禪宗道信之「安心」立場去稱名念佛，強調無常迅速，生死事大，同時心要常以「往生淨土」為主要目標。此等「淨土安心」思想風靡於當代，刺激了當時之人心。

《無量壽經》云：「諸有眾生，聞其名號，信心歡喜，乃至一念，至心迴向，願生彼國，即得往生，住不退轉。」又云：「具足十念，稱南無阿彌陀佛，稱佛名故，於念念中，除八十億劫生死之罪，乃至得往生極樂世界。」以這種思想來稱名念佛，則「淨土安心」之念佛就進一步昇華致跟正純密教之「絕對念誦」相等。

《大日經疏》云：「一切有情常有我相種種煩惱，才若念真言（真如理言，亦即四句偈），我相即除，此為希有，亦甚希奇也！」以此心法來念佛與持咒，以作為一種「禪淨密」融合修證，已經打破傳統以靜坐訓練禪定的界限，讓每一刻都能修證成佛了。

第二十七日談

「修證本尊法即修秘密禪」一事

開元三士之善無畏在《無畏禪要》説：「初學之人，多恐起心動念，專以無念為究竟而絕追求。凡念，有善念與不善念。二者，不善之妄念要止，善法之念決不可滅。要真正修行者，增修正念，非至究竟清淨不可。如人學射，久習純熟，念念努力，常於行住俱定，起心不壓不畏，思慮進學有虧。」

悟光上師於「秘密禪」之則開示又説：「真言行者之無念（絕對念誦法），即將小身即入諸法相大身。諸法相大身，即法身。法身充滿時，沒有自身、沒有他身，乾坤一人也。任您什麼法，亦不出此大身。不是無念，是念片片也」。

《無畏禪要》裡說「善法之念決不可滅」，所謂「善法之念」者，就是真言行者之「持本尊密咒」，透過絕對念誦法能「將小身即入諸法相大身」。

《無畏禪要》説「要真正修行者，增修正念，非至究竟清淨不可」，所謂「增修正念」就是真言行者透過持本尊密咒即「小身即入諸法相大身」，堅持「增修正念」是了悟「大身即法身，法身充滿時沒有自身、沒有他身」，最終「非至究竟清淨不可」就是證得「乾坤一人」、「任您什麼法亦不出此大身」。

《無畏禪要》又説「如人學射，久習純熟，念念努力，常於行住俱定，起心不壓不畏」，這跟秘密禪所説的「不是無念，是念片片」是異曲同工。

《無畏禪要》更進一步描述了真言密教「秘密禪」所證之五重次第：

一、剎那心：於修禪觀，觸著某契機，瞬間恰如雷光，現出身心脱落之悟境。而此是暫時即滅，故云剎那心。在真言宗，剎那心就是證「阿字本不生」義，亦即説「一切法本不生」。阿字，是象徵涅槃體，是不生不滅的大日如來(大日如來只是一個象徵，象徵宇宙的真理)法性本體。真言行者修行於絕對念誦法當中，自證「阿字本不生」，即了悟諸法自性本空沒有實體，了知現象即實在，要將現象融入真理，我與道同在，我與法身佛入我我入，成為不二的境界，這不二的境界是絕了思考的起沒，滅了言語念頭，靈明獨耀之境界，能所主賓斷了，心如虛空，心如虛空故與道合一，即時回歸「阿字本不生」，是名「剎那心」。

二、流注心：體驗此之後，念念加功，如水流相續，曰流注心。在真言宗，持誦真言密咒，又稱持明，即住持光明義，即是「堅定住持」本尊光明一念，故又名「一念堅持」。如是「念念相續、無有斷絕」的「一念堅持」當中，其他的諸雜念自然消融，入於「真我的了悟」，則本尊如如其在的真我（本尊法身的自性），將成為唯一無二的真實存在。一旦做到「念念相續、無有斷絕」的「一念堅持」，即「獲致真知」，又名「正念昂揚」。本尊法是修「一念堅持」積極的有相觀的，是以「一念堅持」念念念相續為依歸，是名「流注心」。

三、甜美心：更積此功不息，靈然明徹，覺身心輕泰，至翫昧其境，此曰甜美心。在真言宗，持誦真言密咒，入我我入，自他歡喜，名為住菩提心。菩提心是諸佛愛樂之法，真言行者持誦真言密咒之時生歡喜，即發菩提心也。一切如來，以菩提心為成佛之增上緣，於菩提心法愛樂自娛，是名「甜美心」。

四、摧散心：依此離去起伏隱顯心之動亂，曰摧散心。在真言宗，持誦真言密咒的行者，須要於一念間超越三種妄執，即名超過三大阿僧祇劫。何以故？約豎來說，時間性可分前際後際（起伏隱顯心之動亂由此生）；然而在真言密教則從橫來說的，於一念中可超過三大阿僧祇劫。從豎說則有三世，成為無量時間；從橫說則了此起伏隱顯心而不動，橫超空間於一念中（在意義上把時縮短成一念），顯現佛部、蓮花部、金剛部，是名「摧散心」。

五、明鏡心：離此散亂心，無染無著，達到鑒達圓明之境地，曰明鏡心。真言宗稱這成佛的心為「秘密莊嚴心」，真言行者無論對甚麼東西、事物，都有這圓明之境地，對天地、對諸法都有感謝的心，是名「明鏡心」。對人、對眾生感謝，都「普供養而住」，秘密莊嚴心便完成，即行者便是即身成佛。

宣稱修真言行，甚至宣稱得到佛果，卻不修秘密禪，是一種狂妄。

第二十八日談
「修證上師儀軌供養法」一事

當真言行者自發去探究「真我」，必須透過深入上師之身、語、意（身是前五識、語是第六識意識，意是第七識末那識）生起的源頭（大日如來真我），「自我（自私小我）」存在的現象才能徹底被超越。因此在探究真我的意義上，上師就是真我與自我之間的橋樑。

在真言行者深入探究上師之身、語、意生起的源頭時，就是朝向對真我的了悟。對真我的了悟，稱為本智，禪宗又稱之為本心。從本心而生起的「我」，在本質上是「純一、圓滿、清淨、潔白」的。這個「我」是在無垢純淨的大日如來真實相裡，同時間這個「我」則存在於真言行者（與真我瑜伽合一者）的身上。此時真言行者再無受限於自我（自私小我）之身、語、意的運作，這個「我」總是明覺於永恆的真我。在「我」持續的覺知「存在於無垢純淨的大日如來真實相中」時，專注的目標就是如何顯現「真我的圓滿意識」於現前人間世。

上師既是外在的，亦是內在的。「大毘盧遮那成佛神變加持」而化身為上師（象徵上師是證大日如來法身境界者），現身在徒眾面前教導他們真言密教秘密義。故《大日經別序》說：「大日如來常為攝化眾生，而示現種種不同之佛菩薩，應化於各種世界，以不同的『言語』，說種種『法（真言）』，開展種種佛意。」善無畏三藏又說：「依三業無盡故，若以身度人，即普現種種色身；若以語度人，即由普門（全一）示現種種語言，隨宜示導入佛知見；若以意度人，亦復如是，種種感通無窮無盡。」

上師是透過與徒眾一起生活和工作，以自己的身、語、意三密淨化徒眾的身、口、意三業。這是透過上師先作肯定徒眾們，並教授大家跟著學修真言密教儀軌和傳授秘密灌頂及其心印，大家乃能「增強自己功德力，契入本尊法身得加持力，以及進一步契入本尊法界體性以現證法界力，最終通達究竟，秘密莊嚴而無不自在地供養一切」，這就是「識內在上師」的大意。《壇經》說「識自身內善知識，即得解脫」，又說「識自本心，若識本心，即是解脫」，所謂「識自身內善知識」、「識自本心」，也與這裡所說的「識內在上師」是異曲同工。

上師既是外在的，更是內在的。修證上師儀軌供養法，意味著擺脫「上師是外在的」這個偏執的觀念。若上師在徒眾概念中一直仍只是一位曾經示現於世間的外在之對象，則上師唯在「生住異滅」四相中，則其人乃至其作佛的事業自然一定也終會消失不見。然而只要認識和體證上師實為「大日如來常為攝化眾生，而示現種種不同之佛菩薩，應化於各種世界」才以人的身相形象而出現於世，就會發現上師實在是無異於究竟真我，常恆現在，不生不滅的了。

接言之，修證上師儀軌供養法，就是把自己皈依（皈依，具有順服、成為二義）於上師，其意義是自己已不再保留絲毫的「自我（自私小我）」執著。自我消退，才能深入到源頭，了解自身的實相也就是上師的實相，並融入於真我，在今世獲得解脫，並做到了無「自他、凡聖、罪福」之對立去從事於佛的工作，那就是真正的「即身成佛」義。

總的來說，上師是曾以凡夫身而住於世，即難免也有示現諸多困厄的時候，徒眾們絕不可「以己之心，度上師之腹」，不應想像上師也跟凡夫一樣會因自己的現況感生起煩惱，甚至有所不滿，因為事實確絕非如此！上師乃常安住於大日如來「法性空」的境界，是大日如來或真我的顯化，乃「依三業無盡故，若以身度人，即普現種種色身；若以語度人，即由普門示現種種語言，隨宜示導入佛知見；若以意度人，亦復如是，種種感通無窮無盡」者，所以上師雖於其一生示現仍有外在苦厄，但上師的內在實相唯是慈悲憐憫眾生，故其示現應劫，無非也只是為了與徒眾「同其苦，以拔其苦」，故所遭遇之一切，無非都是在根據徒眾的根器故意化身示現種種障礙罷了！

第二十九日談
「一生、一法、一經、一尊」一事

人生分為四個階段，用八個字歸納：「一生、一法、一經、一尊」。

「一生」：佛法説人身難得，所以每個人的「一生」都要有必然要成就（又稱為即身成佛）的目標。特別對真言密教的尋道人來説，目標都很清晰：即身成佛。這就是過去永遠生已成佛、未來永遠生將成佛的證明，《大日經疏》稱之為「一得永得」。所以，確立「一生」目標，是第一個階段。

「一法」：修行是很簡單的事，好像心靈肚餓，修完之後就感到滿足舒服，輕安自在。當你吃飽了，煩惱沒有了，你就感受到幸福，這境界已經是淨土，一呼一吸已到達光明的淨土世界。對真言宗持明行者來説，修持儀軌，持誦真言，帶給我們一份終極安心，所有煩惱都消失。如果你越修念誦真言越煩惱越恐懼，就不是持明。禪宗叫修行為安心法門，真言密教稱之為住心法門。要能安心、住心，才可相應佛陀所説的。

為什麼「一法」那麼重要？坦白説，所有佛經都説方法，「看破放下自在大家也會説，可是説易做難，不要説人生大事，就算平常如有人用行李輾過你的腳，你已經不能放下；的士司機找少了十元給你，你可能整天不安樂；你最親近的人説你是垃圾，你立即崩潰。要看破、放下真是很難，所以一法好重要。」

「一經」：一法之後就是一經。如敦煌本《壇經》、《大日經•住心品》是今天修禪修密最能印心之經。單是這一部經，得好好看十年，要不斷去讀，一百次、一千次、一萬次，讀至每個文字都充滿喜悦，讀得多了，經文慢慢開花變成你的心臟，從《壇經》、《大日經•住心品》，您自可得到幸福安心。很奇怪，連您一直不太明白的《心經》、《金剛經》等，可是讀了《壇經》、《大日經•住心品》十年後，再拿出來看，竟然通透領悟及體證到什麼是「色即是空，空即是色」、「無所住而生其心」，那份喜悅，不可思議。

「一尊」：「一尊」是「本尊自覺」。這一點是「唯佛與佛乃能知之」，《大日經》說「外道不能識」。既難以說破，唯有分享一下我的自述：以真言密法之佛因佛緣故，我此生最終皈依「中國佛教真言宗光明流」徹鴻法師，略窺「即身成佛」義，並通過最終考證，乃傳承了「大阿闍梨」秘密灌頂的手印心印，於是便開始契入了「一尊」階段，成為一個實實在在地做佛的工作的真言宗光明流在家傳燈人。真言宗很重視傳承，當一位大阿闍梨被選為傳法者，就不再代表自己了，而是代表一個法脈的傳承，人生就到了「一尊」階段，「一尊」就是傳承，是「一個人」傳承著一千二百年的歷代祖師付囑和誓願，代表著一千二百年大法的傳承，所以人生會有很強使命感。

第三十日談
「在家居士成道之場」一事

正純密教真言宗保留著唐朝「開元三士」三位偉大證道者的完整修法及圓滿理念，原來是不涉外道神鬼迷信成份。今人若要完整地修學到正信佛教真言密法，絕非一朝一夕能成就的，故必須先找到一個具有證道者代代相傳完整修法的正信教授道場。

「光明王密教學會」(原名香港中華密教學會)，是由獲得了當代證道者「中國佛教真言宗光明流第一代傳法大阿闍梨悟光上師」之秘密灌頂及秘密手印之法脈傳人「釋徹鴻大僧正」於2008年所創立。學會宗旨是要成為一個讓在家居士能夠安心地完整修證真言宗「四度加行」和「本尊法」以成為一位傳法阿闍梨的成道之場。

在光明王密教學會中，大家都是以「在家居士阿闍梨」身份弘法，悟光上師於《真言密教聞中記》曾引《大日經疏》之「阿闍梨自作毘盧遮那時，解髻而更結之；若出家人，應以右手為拳置於頂上，然後說此真言加持之，則一切諸天神等不能見其頂相也」，這就是在家居士阿闍梨之典據。釋徹鴻上師繼承了悟光上師畢生心願，故創立了密教學會，並重申悟光上師之預言：「在家居士傳法，將是光明流密教興隆的重要關鍵之一。」

「光明王密教學會」致力於：

一、確定「在家居士即身成佛」目標；

二、組建同修團隊；

三、共同努力實現既定目標；以及

四、開枝散葉出新的光明流密教學會組織，為相同的「在家居士即身成佛」目標繼續努力，代代相傳密法。

學會的「在家居士傳承真言宗光明流法脈」宗旨，其體制跟日本真言宗及任何二乘顯教各宗都不相同。另外，學會把悟光上師看成第九大祖師，這也跟其他真言宗流派有所不相同。

「光明王密教學會」之會員守則：

光明王密教學會，會員必須具備修行熱情。學會會員一起創建出色的真言宗宗教團隊，並應時完成出色的真言密法教授工作，這是第一大事。成為一位光明王密教學會的會員乃至成為一位在家居士阿闍梨，必須做到「大事堅毅，小事不拘」，故務求堅守以下十項守則：

一、 不應退菩提心。

二、 不應捨離三密。

三、 不應毀謗佛教。

四、於諸甚深大乘經典，不通解處不應生疑。

五、見已發菩提心者，勿說小乘之教法。

六、若有眾生未發菩提心，不應為說真言甚深之法。

七、對小乘邪見之人，不應說真言秘密大乘。

八、不應讚揚發起諸邪見之法。

九、於外道人前，不應自說我具無上妙法門。

十、於一切眾生諸有所損及無利益之事，一切不應作，不能教他作。

「光明王密教學會」之學員，是有其根本經典之學習的。因為必須先聽明密教經典了，才會正確信密，修行，由證再反思，再記錄所得，之後才可以藉經典來發揮自己之所證。悟光上師當開山時，光明流「經典」講或寫過很多，若想成為一位光明王密教學會的在家居士傳法阿闍梨，必須完整熟讀以下經典，否則所知道理便不是跟悟光上師所傳承之光明流一脈相乘了：

一、《肇論講記》

二、《般若理趣經講記》

三、《心經思想蠹測》

四、《即身成佛觀／即身成佛義顯得鈔》

五、《一真法句》

六、《新編正法眼藏》

七、《密教思想與生活》

八、《秘密真言法要彙聚》

另外，還要正聞正思「釋徹鴻創會會長傳人」張惠能博士居士所補充之密法講解經典：

一、《大日經•住心品》

二、《金剛經密說》

三、《般若理趣經》

四、《金剛頂經》

至於修法，則是以「本尊簡修法」、「四度」、「一尊法」為方便：

一、本尊簡修法：就如今天有些大學的一年預備班，讓學員感受該大學學科是否真正適合自己才決定入學，這也可讓大學了解該學生有否足夠能力才決定是否收錄。（補充一句，簡修法已具本尊加持力，已能助大家成就以個人為本的小目標。）

二、四度修法：想真正完整地修證真言宗密法，即身成佛，則必須修「四度」這完整的真言宗修法，當中包括「十八道修法、胎藏界修法、金剛界修法、護摩修法」四部分，學成之後再經教授師阿闍梨指導一下便可以懂得自行整理及起修任何一位本尊法了。情況就如有人想要做醫生便先得讀大學醫科全科（如修四度），修學完成了才可繼續深入選任何一門專科（如修一尊法）。

醫科畢業生在執業行醫時可以繼續深造專精一科（如修一尊法），未來更可做教授醫生教導醫科生。所以才說「四度」是「即身成佛」和名正言順「做佛工作」的根本。

三、一尊法：修行真言宗最終是修一尊法，自己三密相應一尊，以堅定偉大的人生目標、昇華生命價值觀，以及生起如來遊戲神變加持力量。由證了本尊三密相應，再反思所聽密教經法之理；務須熟練經法方可以於未來教授他人。由反思所得出真理，然後寫（記錄）自己之心得，最終才可隨心所欲地藉以上任何一本經典來發揮自己所證！

修行是幸福喜樂事，以這樣的心情去修真言密法，就自然容易做到「行住坐臥、持明觀尊」，則更容易奮迅成就、更容易相應本尊之身口意密、入我我入，達到「三密相應」的自在體驗，然後乃能同時展示「世間悉地圓滿」以及「出世間悉地圓滿」。

一位光明流阿闍梨（修畢四度並已接受了「授明灌頂」者），除了修行一尊法外，由於仍有很多需要學習的東西，所以悟光上師早已設計了一個光明流「阿闍梨之進階制度」。學會把這「在家居士阿闍梨之進階制度」略為優化了，取其精神，化繁為簡，從十八階段減少成七個重要階段，這樣才能更契機現代在家居士之修行。

光明王密教學會在家居士「阿闍梨之進階(Ranks of Shingon Buddhist Guru)」如下：

一、權小精都（約一年）Trainee of Assistant Shingon Buddhist Guru (~1 Year）

二、小精都（約兩年）Assistant Shingon Buddhist Guru (~2 Year）

三、權中精都（約三年）Shingon Buddhist Guru (~3 Year）

四、中精都（約四年）Senior Shingon Buddhist Guru (~4 Year)

五、權大精都 Associate Chief Shingon Buddhist Guru

六、大精都 The Chief Shingon Buddhist Guru

七、大精正 The Venerable Shingon Buddhist Guru

順利接受了「授明灌頂」的真言宗光明王密教學會在家居士阿闍梨，一般起點則為「權小精都(Trainee of Assistant Shingon Buddhist Guru)」。但是由於第一、二屆阿闍梨都是已聽過我說《大日經•住心品》或相同境界之經典十多年的學員，故在授明灌頂後，都一律由「小精都（Assistant Shingon Buddhist Guru)」開始。

作為一位「小精都（Assistant Shingon Buddhist Guru）」在家居士阿闍梨，於兩年內只需通過相關的「進階講經」考核，以及參與任何最少一個「種智活動小組（每週都現場到來聽我講經也算一組）」，就可以成為「權中精都 Shingon Buddhist Guru」，並在學會成為正式教授師，到時即可獨自教授新學員簡修法和四度修法了，故更應精勤修證「一尊法」，在三密相應的良好心靈狀態中，才能有不可思議的三力具足，常能「侵掠（降伏、辟災、增益、愛敬）如火，不動如山」，自然「世間、出世間」悉地圓滿。

潛修（秘密）密證（莊嚴），是修密法心訣。行住坐臥，常持本尊真言，自然念念三密加持，成就秘密莊嚴。將來便縱我們離開世界，也不可能奪走所修證得之三密加持，故《大日經疏》才説真言密法之所證是「一得永得」的。以此生一得「即身成佛」，以後世世亦得「即身成佛，生生做佛的工作」了。

可惜，有一些阿闍梨表現出修行卻總不能精進，又不能專聞思經法。既然此生善緣具足學得真言密法、皈依到九大祖師，卻不修持儀軌、不持三昧耶、不生愛敬心，實屬可悲。此時應作是念：具有九大祖師傳承力量之完整的真言秘密佛法，若非上師和師父大悲大智以開創在家居士傳法一脈，根本上大家確是不可能遇上此大法的啊！

最後補充兩句：一方面，學會是一個社會縮影，故真的不可能人人是聖人、個個都和氣；但另一方面，學會更是一個具足正見和代代相傳法的正統正信宗教團體，就是一個「成道之場」了。所以，大家只需要能夠「大事，堅定；小事，不拘」，唯以同一純正的目的聚集在一起，各各勤修一尊，以期「圓滿自己，圓滿他人」，自能此生成就「即身成佛」的。

所以總的來説，這「成道之場」是一切修持能否獲得增益乃至成佛之基礎！只需大家都能在學會這個道場內找到跟自己同道的「諸佛菩薩妙眾中，常為善友不厭捨」的好友同行，就必然可以繼續在學會內堅定不移地一直修行下去的。到了世、出世間成就的條件成熟時，一群有證境的同修團結一起去開創另一個「全新的光明流在家居士傳密法道場」是可行且容易的，這也是吾一直在鼓勵大家的，更是吾對大家最衷心的期盼！

《真言宗本尊法　三十日談》之跋

真言密教之兩大根本經典(《大日經》、《金剛頂經》)，都是借大日如來及諸菩薩之結髮戴冠，以顯「在家相」，故其真精神，是以「在家阿闍梨」滲入社會各角落去化度民眾為最勝。

這「在家人傳承真言宗」是真言宗光明流開創者悟光上師畢生至力推動之「宗教革命」，亦是上師的畢生願望(請細閱《真言宗本尊法　三十日談》之十四：「真言宗傳授本尊法之在家阿闍梨」一事)。據師父口述上師之言，現代我們身處是民主社會，不像封建時代帝王均以佛教為政治工具，根本不批准在家人公開説法，更遑論什麼在家人傳承法脈了，而上師決心開創「在家阿闍梨」傳真言宗，建立了「小精都」、「中精都」、「大精都」、「大精正」考核進階系統，這在家人傳承真言宗本身就是一種民主精神之具體表現。以「大日如來／本尊」之三密相應為核心，可以讓在家人透過完整的真言密法修證，釋放無限力量，繼而以本尊身份做好世間工作和佛的工作，好好弘揚真言密教。

「中國佛教真言宗光明流」的源頭，是悟光上師的心，亦是八大祖師的心，無非就是「大日如來的心（如來真實）」。大家未來作為一個光明流「在家阿闍梨」，要謹記不必和那些不相信光明流「在家人傳真言密教」的異教徒、所謂佛學者、顯教各宗之迷信罪業輪迴者、密教各宗之怪力亂神信徒、乃至一些欺師滅祖之真言宗人，去講論他們所不知道的本尊「三密相應、秘密莊嚴、自覺聖智、即身成佛」事，也不必把自己降低去適應他們來與他們辯論，不必指出他們迷信哲學不事修證、迷信罪業、敬拜鬼靈等愚昧和荒謬。光明王密教學會「在家阿闍梨」，唯是要去喚醒對真言密教「三密相應、秘密莊嚴、自覺聖智、即身成佛」能生起信仰與敬愛的同行者，而不是要與別人打仗諍辯。

所以，一位「在家阿闍梨」不應公開評論、攻擊他人的宗教和哲學理論。我們只需「盡心、盡性、盡意、盡力」去示範所自證的本尊「三密相應、秘密莊嚴」，讓學員都能夠熱愛修本尊法而成為本尊。

另一方面，作為一位光明王密教學會「在家阿闍梨」，應「顯出」我們精通大小乘佛教各宗的哲學和其他宗教，這樣在弘法的時候才能夠輕巧地避開許多無謂之談。一位光明王密教學會「在家阿闍梨」，絕不能一無所知。相反，應當深明各種宗教理論。

就任何工作而言，能力都是必須的條件。在弘揚真言密教工作上更是如此，我們需要首先圓滿完成「四度加行」，並透過勤修「一尊法」和做到「行住坐臥，持明觀尊」，方可以在「自己功德力、本尊加持力、及以法界力」之充沛中，於此世間幹一番偉大的世間和出世間事業。

徹鴻恩師曾說過：「四度加行之閉關是一生的大事，任何事情都不可阻礙」。真言宗之四度加行「閉關」，確是人生一件大事，它是行者跟「法身大日」及「九大祖師」的一個奇妙約會，所以不可因任何事而隨便改動或動搖！各位光明王密教學會之真言行者，務必立定志向，一鼓作氣向前。真言宗所修，也無非是「一念堅持」之三摩地法而已。「三摩地法」者，就是堅毅、不動搖！

光明王密教學會，既是一個為大家圓滿學習修證本尊「三密相應、秘密莊嚴、自覺聖智、即身成佛」而建立的成道之場，自然必須一切皆以學員學修與及修證為先。甚至學會將來的教學、講座、文化活動等，一定以接引「具足真言密教奇妙法緣」之同行者一起進入真言密教之秘門為原則。至於其他社會一般性的慈善活動、義工工作，不用我們學會來作。希望大家能體諒及認同學會此宗旨，並共同開發一條「在家人弘法」之大道。

於學會剛慶祝了悟光上師及徹鴻恩師之聖誕之際(紀念真言宗第九大祖師悟光上師、大僧正徹鴻法師誕辰之集體修持法會已於2020年12月6日完滿結願),吾作為學會會長送給學會八字真言:「大事堅毅,小事不拘」。

「自修三密相應、共證即身成佛」是我們的唯一大事!要能「自修三密相應,共證即身成佛」,就得依賴一個「修行團體」。古代之「僧團」,廣義即泛指一切「修行團體」,如今天的密教學會,簡單來説也就是一「修行團體」。僧團,古代亦稱「和合僧」,即「龍蛇混雜,凡聖同居」義。所以,我們這個團體,自然也不例外,也是「龍蛇混雜,凡聖同居」的了。當中定有像聖賢一般修行精進的人,也有充滿著罪業思想、鬼靈思想的庸俗凡人。所以,我唯有先旨聲明,在道場大家都不拘小事,大家都只放眼現前的唯一大事。否則,道場內各人心量只會愈修愈小、貢高我慢、誤己誤人,這於自他及密法承傳事業都只有害無益!

大家既相聚一起修行真言密法，遇上的一切人一切事，就都是「曼荼羅」中的事，大家能做到「互相頂禮」，及「小事不拘」，除「自修三密相應，共證即身成佛」這件唯一大事以外，其餘都根本無事，心量自然就能擴大而成為本尊的心量，才能超越小我，融入本尊大我生命。

師父也曾跟我説，所謂大阿闍梨，指的就是心量：「心量為大，大者為師！」

「心」者，即本尊心。「量」者，是現量。「大」者，即摩訶，是無量無邊之無限大，亦是絕對、殊勝、最上、至尊義。本尊心，其現量是「無限大、絕對、殊勝、最上、至尊」。大家不論修證任何一尊法，請先提醒自己「心量為大」，都先修無諍三昧，小事不拘，自然就容易得到本尊加持，達到三密相應，成就本尊心量和本尊之一生！

「心量為大，大者為師！」凡夫唯有在三密相應中，始能真正證到「心量為大」。而所謂「大阿闍梨」者，無非就是本尊心量之「大」而已！

願大家都各自努力，因為一個弘法團隊若沒有本尊能力，它就必定是軟弱無力的了！互勉互勉！

張惠能博士居士
謹識於香港大學
庚子年仲冬

附錄一
悟光大阿闍梨略傳

附錄一　悟光大阿闍梨略傳

悟光上師又號全妙大師，俗姓鄭，台灣省高雄縣人，生於一九一八年十二月五日。生有異稟：臍帶纏頂如懸念珠；降誕不久即能促膝盤坐若入定狀，其與佛有緣，實慧根夙備者也。

師生於虔敬信仰之家庭。幼學時即聰慧過人，並精於美術工藝。及長，因學宮廟建築設計，繼而鑽研丹道經籍，飽覽道書經典數百卷；又習道家煉丹辟穀、養生靜坐之功。其後，遍歷各地，訪師問道，隨船遠至內地、南洋諸邦，行腳所次，雖習得仙宗秘術，然深覺不足以普化濟世，遂由道皈入佛門。

師初於一九五三年二月，剃度皈依，改習禪學，師力慕高遠，志切宏博，雖閱藏數載，遍訪禪師，尤以為未足。

其後專習藏密，閉關修持於大智山（高雄縣六龜鄉），持咒精進不已，澈悟金剛密教真言，感應良多，嘗感悟得飛蝶應集，瀰空蔽日。深體世事擾攘不安，災禍迭增無已，密教普化救世之時機將屆，遂發心廣宏佛法，以救度眾生。

師於閉關靜閱大正藏密教部之時，知有絕傳於中國（指唐武宗之滅佛）之真言宗，已流佈日本達千餘年，外人多不得傳。（因日人將之視若國寶珍秘，自詡歷來遭逢多次兵禍劫難，仍得屹立富強於世，端賴此法，故絕不輕傳外人）。期間台灣頗多高士欲赴日習法，國外亦有慕道趨求者，皆不得其門或未獲其奧而中輟。師愧感國人未能得道傳法利國福民，而使此久已垂絕之珍秘密法流落異域，殊覺歎惋，故發心親往日本求法，欲得其傳承血脈而歸，遂於一九七一年六月東渡扶桑，逕往真言宗總本山 —— 高野山金剛峰寺。

此山自古即為女禁之地，直至明治維新時始行解禁，然該宗在日本尚屬貴族佛教，非該寺師傳弟子，概不經傳。故師上山求法多次，悉被拒於門外，然師誓願堅定，不得傳承，決不卻步，在此期間，備嘗艱苦，依然修持不輟，時現其琉璃身，受該寺黑目大師之讚賞，並由其協助，始得入寺作旁聽生，因師植基深厚，未幾即准為正式弟子，入於本山門主中院流五十三世傳法宣雄和尚門下。學法期間，修習極其嚴厲，嘗於零下二十度之酷寒，一日修持達十八小時之久。不出一年，修畢一切儀軌，得授「傳法大阿闍梨灌頂」，遂為五十四世傳法人。綜計歷世以來，得此灌頂之外國僧人者，唯師一人矣。

師於一九七二年回台後，遂廣弘佛法，於台南、高雄等地設立道場，傳法佈教，頗收勸善濟世，教化人心之功效。師初習丹道養生，繼修佛門大乘禪密與金剛藏密，今又融入真言東密精髓，益見其佛養之深奧，獨幟一方。一九七八年，因師弘法有功，由大本山金剛峰寺之薦，經日本國家宗教議員大會決議通過，加贈「大僧都」一職，時於台南市舉行布達式，參與人士有各界地方首長，教界耆老，弟子等百餘人，儀式莊嚴崇隆，大眾傳播均相報導。又於一九八三年，再加贈「小僧正」，並賜披紫色衣。

師之為人平易近人，端方可敬，弘法救度，不遺餘力，教法大有興盛之勢。為千秋萬世億兆同胞之福祉，暨匡正世道人心免於危亡之劫難，於高雄縣內門鄉永興村興建真言宗大本山根本道場，作為弘法基地及觀光聖地。師於開山期間，為弘法利生亦奔走各地，先後又於台北、香港二地分別設立了「光明王寺台北分院」、「光明王寺香港分院」。師自東瀛得法以來，重興密法、創設道場、設立規矩、著書立說、教育弟子等無不兼備。

師之承法直系真言宗中院流五十四世傳法。著有《上帝的選舉》、《禪的講話》等廿多部作品行世。佛教真言宗失傳於中國一千餘年後，大法重返吾國，此功此德，師之力也。

附錄二

悟光上師《一真法句淺說》手稿

附錄二　悟光上師《一真法句淺説》手稿

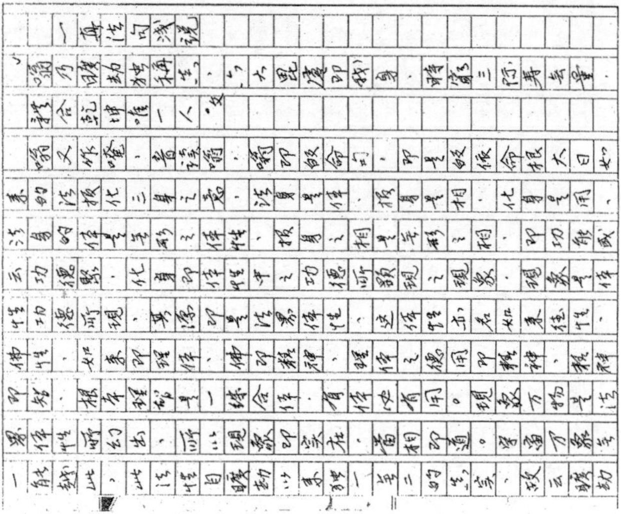

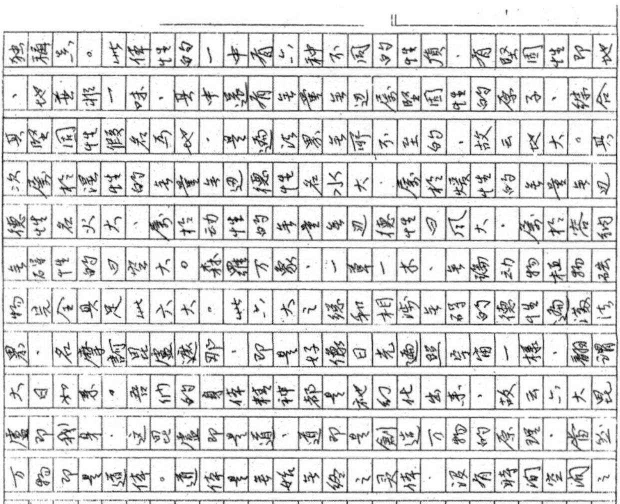

陳的無量壽命者，因祂是整個宇宙為身，一切万物的新陳代謝為命，永遠在創造為祂的事業，祂是孤單的不死人，祂以無量時空為身，沒有与第二者同居，是個絶对孤單的老人，故曰体合乾坤唯一人。

虛空法界我獨步，森羅万象造化根，宇宙性命元靈祖，光被十方無故新。文

祂在這無量無邊的虛空中自由活動，我是祂的大我法身位，祂容有無量無邊的六大体性，祂有無量無邊的心王心所，祂有無量無邊的万象种子，祂以蒔种，以各不同的种子与以滋潤，普照光明，使其現象所濃縮之种性与以展現成為不同的万物，用祂擁有的六大為其物体，用祂擁有的叡智精神（生其物）令各不同的万物自由生活，是祂的大慈大悲之力，祂是万象的造化之根源，是宇宙性命的大元靈之祖。万物生從何來？即從此來，死從何去？死即歸於彼處，祂的本身是光，万物依此光而有，但此光是窮三際的無量壽光，這光常住而遍照十方，沒有新舊的差別。凡夫因執於時方，故有過去現在未来的三際，有東西南北上下的十方觀念，吾人若住於虛空中，即三際十方都沒有了，物質在新陳代謝中凡夫看来有新舊交替，這好像機械的水箱依其循環，進入来為新，排出去為舊，根本其水都沒有新舊可言。依代謝而有時空，有時空而有壽命長短的觀念，人們因有人法之執，故不能窺其全体，故迷於現象而常沉苦海無有出期。

、隱顯莫測神最妙、璇轉日月貫古今、貪瞋煩惱我密號、

生殺威權我自興。文

毘盧遮那法身如來的作業名羯磨力，祂從其所有的种子注入生命力，使其各類各々需要的成分發揮變成各具的德性呈現各其本誓的形像與色彩，味道，將其遺傳基因寓於种子之中，使其繁衍子孫，這源動力還是元靈祖所賜。故在一期一定的過程後而隱沒，种子由代替前代而再出現、這种推動力完全是大我靈体之羯磨力，凡是看來的確太神奇了，太微妙了。不但造化万物，連太空中的日月星宿亦是祂的力量所支配而運轉不休息，祂這樣施與大慈悲心造宇宙万象沒有代價，真是父母心，吾們是祂的子孫，卻不能荷負祂的使命施與大慈悲心，違逆的眾生真是辜負祂老人家的本誓的大不孝之罪。祂的大慈悲心是大貪，眾生亦負祂的本誓，祂会生氣，這是祂的大瞋，但眾生還在不知不覺的行為中，如有怨嗟，祂都不理而致之，還是我們眾生好好地生活着，這是祂的大癡，這貪瞋癡是祂的心理祂本有的德性，本來具有的，是他的秘密。祂在創造中不斷地成就眾生的成熟。如菓子初生的時只有苦澀，不到成熟不能食，故未成熟的菓子是苦澀的，到了長大時必須使其成熟，故應與以殺氣才能成熟，有生就有殺，加了殺氣之後成熟了，菓子就掉下來，以世間看來是死，故有生必有死，這种生殺的權柄是祂獨有，万物皆然，是祂自然興起的，故云生殺威權我自興。祂恐怕吾創造落空，不斷地動祂的腦筋使吾創造不空成就，這些都是祂為眾生的煩惱這煩惱還是祂老人家的本誓云秘密，本有功德也。

六道輪迴戲三昧，三界唯約在一心，魑魅魍魎邪精怪，
妄為執着意生身。

大我佛性的創造中有動物植物礦物，動物有人類、禽獸、水族、蟲類等具有感情性欲之類，植物乃草木具有繁殖子孫之類、礦物即礦物之類。其中人類的各種機能組織特別靈敏，感情愛欲思考經驗特別發達，故為萬物之靈長、最始時代大概相安無事的，到了文明發達就創了禮教，有了禮教擬將教化使其返樸歸真，創了教條束縛其不致出規守其本分，卻越其返造成越規了，這禮教包括一切之法律，法律並非道之造化法律，故百密一漏之處在所難免，有的法律是保護帝王萬世千秋不被他人違背而設的，不一定對於人類自由思考有幫助，所以越嚴格越出規，所以古人設禮出有大偽、人類越文明越不守本份，欲望橫飛要衝出自由，自由是萬物之特權之性，因此犯了法律就成犯罪。罪是法沒有自性的，看所犯之輕重論處，或罰款或勞役或坐牢，期間屆滿就無罪了。但犯了公約之法律或逃出法網不被發現，其人必會悔而自責，要不復犯，那麼此人的心意識就有從潛意識的某程度，此人必定還會死後再生為人，若不知懺悔但心中還常感苦煩，死後一定墮地獄，若犯罪畏罪而逃不敢面對現實，心中恐懼怕人發見，這種心意識死後會墮於畜生道。若人欲望熾盛欲火沖冠，死後必定墮入餓鬼道。若人懷作善意欲求福報死後會生於天道。人心是不定性的，所以在六道中出沒沒有了時，因為它是凡夫不悟真理才會感受苦境。苦樂感受是三界中事，若果修

幻境了道之本體，即道合一入我我入，成為乾坤一人的境界、何不現此大道即是虛出現的現像，都是大我的三昧遊戲吧了，能感受所感受的三界都是心，不但三界，十界亦是心，故三界唯納在一心。魑魅魍魎邪精怪是山川木石等孕育天地之靈氣，然後受了動物之精液幻成，受了人之精液即能變為人形，受了猴之精液是猴，其他類推，這種怪物即是魔鬼，它不會因過失而懺悔，任意胡為，它的心是是一種執著意識，以其意而幻形，此名意成身，幻形有三條件，一是幽質，二是念朔材質，三是物質，比如說我們要畫圖，在紙上先想所要之物，這是幽質，未動筆時紙上先有其形了，其次提起鉛筆繪個形記稿，此即念朔材質，次取來彩色塗上，就變成立體之相，就可亂真了。

喑啞瞎聾殘廢疾、病魔纏縛自迷因，心生覺了生是佛，心佛未覺佛是生。文

人們自出生時或出生了後，罹了喑啞、或眼盲、或耳聾或殘廢疾病、都由前生所作的心識有關，过去世做了令人憤怒而被打了咽喉，或眼目、或殘廢，或致了病入膏肓而死，自己還不能懺悔，心中常存怨恨，這種潛意識帶來轉生，其遺伝基因被其破壞，或在胎內或出生後会現其相。前生若能以般若來觀照五蘊皆空，即可洗滌前愆甚至解縛證道，眾生因迷不解於宇宙真理，執着人法故此也。人們的造惡業亦是心，心生執着而不自覺即迷沉苦海，若果了悟此心本來是佛性，心生迷境而能自覺了，心即回歸本來面目，那個時候迷的眾生就是佛了。这心就是佛，同眾生迷而

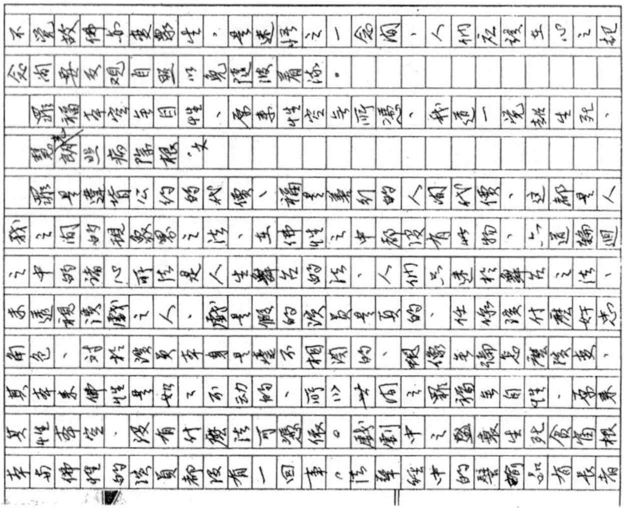

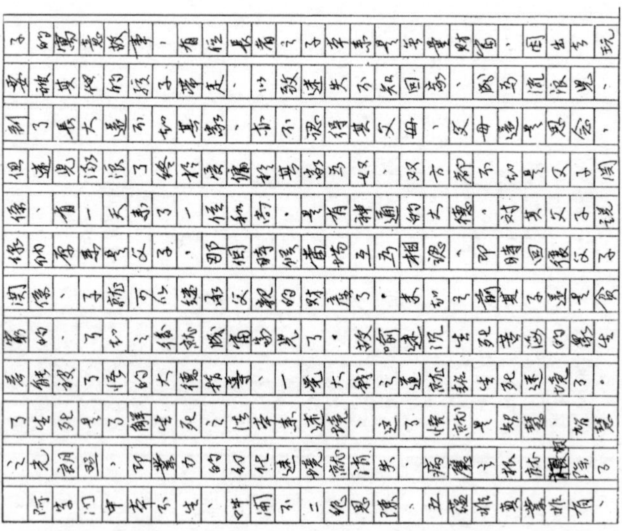

能所俱泯断主處文

阿字門即是涅槃体，是不生不滅的佛性本体，了知諸法自性本空没有实体，众生迷於人法，金刚般若经中说的四相，我相、人相、众生相、寿者相，执去迷着以為实有，四相完全是戲論，佛陀教吾们要反观內照，了知現象即实在，要將現象融入真理，我与道同在，我与法身佛入我我入成為不二的境界，这不二的境界是絕了思考的起没、滅了言語念頭、灵明独耀之境界，所有的五蘊是假的，这五蘊堅固就是世間所云之灵魂，有这灵魂就要輪迴六趣了，有五蘊就有能思与所思的主宰潜像、变成心所諸法而执着、能所主宰断了，心如虛空、心如虛空故与道合一，即時回歸不生不滅的阿字門，不然的話，迷着於色声香味觸之法而認為真，故生起貪愛、瞋恚、愚痴等蓋佛性，把了生死苦樂感受，諸法是戲論、佛性不是戲論、佛陀教吾们不可認賊為父。

了知三世一切佛、应观法界性一真、一念不生三三昧、我法二空佛印心。文

应該知道三世一切的觉者是怎樣成佛的。要了知一個過的玄观这法界森羅万象是一真实的涅槃性所現、这是过去佛現在佛未来佛出间所修观的方法、一念生万法現、一念念不生就是包括了無我、無相、無願三种三昧、这种三昧是心空、不是無知覚：是視之不見、聽之不聞的灵覚境界此乃一真法性當体之狀態，我執法執俱空即是入我我入、佛心即我心、我心即佛心。達到这境界即入禪定、禪是体

定是心不起、二而一、眾生成佛。釋迦拈花迦葉微笑印此端的。因為迦葉等五百羅漢。均是不發大心的外道思想意識潛在、放開了方便手指翠波羅花輾動，大眾均不知用意、但都啞然一念不生注視着、這端的當體即佛性本來面目。可惜錯过機会、只有迦葉微笑表示領悟、自此别開一门的無字法門禪宗、見性了後不能發大心都是獨善其身的自了漢。

菩薩金剛部眷屬、三緣無住起悲心、天龍八部隨心所、神通變化攝鬼神。文

羅漢在高山打蓋睡，菩薩落荒草，佛在世間不離世間覺、羅漢入定不管世事眾生死如在高山睡覺、定力到極限的時候就醒來、会起了念頭、就墮下來了。菩薩是了悟眾生本質即佛德、已知迷是苦海、覺悟即極樂、菩薩已徹底了悟了、它就不怕生死、而憨闲生、拯救沉沒海中的眾生、如人已知水性了、入於水中会游泳、菩薩变成泳池、眾生是不知水性故会沉溺。菩薩入於眾生群中、猶如一支好花入於蔓草之中、鶴立鷄群，一支獨秀。佛世間、眾生世間、器世間、都是法界佛性所現、在世間覺悟道理了、就是佛、所以佛在世間並無離開世間。佛是世間眾生的覺悟者菩薩為度眾生而開方便法門、但有頑固的眾生不受教訓、菩薩就起了忿怒相責罰。這就是金剛、這是大慈大悲的佛心所演變之心所。其体即佛，心王心所是佛之眷屬、這种大慈大悲的教化眾生之心所、是沒有能度所度及功勞的心無住生心、歸納起來菩薩金剛都是大悲毘盧遮那之心。

此心即佛心、要度天或鬼神就變化同其趣。如天要降雨露均諸法界眾生就變天龍、要守護法界眾生就變八部神將、都是大日如來心所所流出的。祂的神通變化是莫測的、不但能度的菩薩金剛、連鬼神之類都是毘盧遮那普門之一德、普門之多的總和即總持、入了總持即普門之德具備、這總持即是心。

無限色聲觸寶相、文賢加持重々身、融我法句認諦理、
一彈彈指立歸真。

心是宇宙心、心包太虛、太虛之中有無量基因德性、無量基因德性即普門、色即現前之法、聲即法相之語、語即道之本體、有其聲必有其物、有其物即有其色相、無限的基因德性、顯現無限不同法相、能認識之本體即佛性智德、顯現法相之理即理德、智德曰文殊、理德曰普賢、法界之森羅万象即此理智冥加之德、無量無邊之理德及無量無邊之智德、無論一草一木都是此妙諦重々冥加的總和、只是基因德性之不同、顯現之物或法都是各了完成其使命之相。若不如是万物即呈現清一色、一味一相、都沒有各々之使命標幟了。這無限無量的基因德性曰功德、這功德都藏於一心之如來藏中、凡夫不知故認後天收入的塵法為真、將真與假合璧、成為阿賴耶識、自此沉迷三界苦海了。人們若了解了這道理而覺悟、即不執于塵之地成佛了。

《一真法句淺說》悟光法師著

【全文】

嗡乃曠劫獨稱真，六大毘盧即我身，
時窮三際壽無量，體合乾坤唯一人。
虛空法界我獨步，森羅萬象造化根，
宇宙性命元靈祖，光被十方無故新。
隱顯莫測神最妙，璇轉日月貫古今，
貪瞋煩惱我密號，生殺威權我自興。
六道輪回戲三昧，三界匯納在一心，
魑魅魍魎邪精怪，妄為執著意生身。
喑啞蒙聾殘廢疾，病魔纏縛自迷因，
心生覺了生是佛，心佛未覺佛是生。
罪福本空無自性，原來性空無所憑，
我道一覺超生死，慧光朗照病除根。
阿字門中本不生，吽開不二絕思陳，
五蘊非真業非有，能所俱泯斷主賓。
了知三世一切佛，應觀法界性一真，
一念不生三三昧，我法二空佛印心。
菩薩金剛我眷屬，三緣無住起悲心，
天龍八部隨心所，神通變化攝鬼神。
無限色聲我實相，文賢加持重重身，
聽我法句認諦理，一轉彈指立歸真。

【釋義】

嗡乃曠劫獨稱真，六大毘盧即我身，
時窮三際壽無量，體合乾坤唯一人。

嗡又作唵，音讀嗡，嗡即皈命句，即是皈依命根大日如來的法報化三身之意，法身是體，報身是相，化身是用，法身的體是無形之體性，報身之相是無形之相，即功能或云功德聚，化身即體性中之功德所顯現之現象，現象是體性功德所現，其源即是法界體性，這體性亦名如來德性、佛性，如來即理體，佛即精神，理體之德用即精神，精神即智，根本理智是一綜合體，有體必有用。現象萬物是法界體性所幻出，所以現象即實在，當相即道。宇宙萬象無一能越此，此法性自曠劫以來獨一無二的真實，故云曠劫獨稱真。此體性的一中有六種不同的性質，有堅固性即地，地並非一味，其中還有無量無邊屬堅固性的原子，綜合其堅固性假名為地，是遍法界無所不至的，故云地大。其次屬於濕性的無量無邊德性名水大，屬於煖性的無量無邊德性名火大，屬於動性的無量無邊德性曰風大，屬於容納無礙性的曰空大。森羅萬象，一草一木，無論動物植物礦物完全具足此六大。此六大之總和相涉無礙的德性遍滿法界，名摩訶毘盧遮那，即是好像日光遍照宇宙一樣，翻謂大日如來。吾們的身體精神都是祂幻化出來，故云六大毘盧即我身，這毘盧即是道，道即是創造萬物的原理，當然萬物即是道體。道體是無始無終之靈體，沒有時間空間之分界，是沒有過去現在未來，沒有東西南北，故云時窮三際的無量壽命者，因祂是整個宇宙為身，一切萬物的新陳代謝為命，永遠在創造為祂的事業，祂是孤單的不死人，祂以無量時空為身，沒有與第二者同居，是個絕對孤單的老人，故曰體合乾坤唯一人。

虛空法界我獨步，森羅萬象造化根，
宇宙性命元靈祖，光被十方無故新。

祂在這無量無邊的虛空中自由活動，我是祂的大我法身位，祂容有無量無邊的六大體性，祂有無量無邊的心王心所，祂有無量無邊的萬象種子，祂以蒔種，以各不同的種子與以滋潤，普照光明，使其現象所濃縮之種性與以展現成為不同的萬物，用祂擁有的六大為其物體，用祂擁有的睿智精神(生其物)令各不同的萬物自由生活，是祂的大慈大悲之力，祂是萬象的造化之根源，是宇宙性命的大元靈之祖，萬物生從何來？即從此來，死從何去？死即歸於彼處，祂的本身是光，萬物依此光而有，但此光是窮三際的無量壽光，這光常住而遍照十方，沒有新舊的差別。凡夫因執於時方，故有過去現在未來的三際，有東西南北上下的十方觀念，吾人若住於虛空中，即三際十方都沒有了。物質在新陳代謝中凡夫看來有新舊交替，這好像機械的水箱依其循環，進入來為新，排出去為舊，根本其水都沒有新舊可言。依代謝而有時空，有時空而有壽命長短的觀念，人們因有人法之執，故不能窺其全體，故迷於現象而常沉苦海無有出期。

隱顯莫測神最妙，璇轉日月貫古今，
貪瞋煩惱我密號，生殺威權我自興。

毘盧遮那法身如來的作業名羯磨力，祂從其所有的種子注予生命力，使其各類各各需要的成分發揮變成各具的德性呈現各其本誓的形體及色彩、味道，將其遺傳基因寓於種子之中，使其繁愆子孫，這源動力還是元靈祖所賜。故在一期一定的過程後而隱沒，種子由代替前代而再出現，這種推動力完全是大我靈體之羯磨力，凡夫看來的確太神奇了、太微妙了。不但造化萬物，連太空中的日月星宿亦是祂的力量所支配而璿轉不休息，祂這樣施與大慈悲心造宇宙萬象沒有代價，真是父母心，吾們是祂的子孫，卻不能荷負祂的使命施與大慈悲心，迷途的眾生真是辜負祂老人家的本誓的大不孝之罪。祂的大慈悲心是大貪，眾生負祂的本誓，祂會生氣，這是祂的大瞋，但眾生還在不知不覺的行為中，如有怨嘆，祂都不理而致之，還是賜我們眾生好好地生活著，這是祂的大癡，這貪瞋癡是祂的心理、祂本有的德性，本來具有的、是祂的密號。祂在創造中不斷地成就眾生的成熟。如菓子初生的時只有發育，不到成熟不能食，故未成熟的菓子是苦澀的，到了長大時必須使其成熟故應與以殺氣才能成熟，有生就應有殺，加了殺氣之後成熟了，菓子就掉下來，以世間看來是死，故有生必有死，這種生殺的權柄是祂獨有，萬物皆然，是祂自然興起的，故云生殺威權我自興。祂恐怕其創造落空，不斷地動祂的腦筋使其創造不空成就，這些都是祂為眾生的煩惱。這煩惱還是祂老人家的本誓云密號，本有功德也。

六道輪回戲三昧，三界匯納在一心，
魑魅魍魎邪精怪，妄為執著意生身。

大我體性的創造中有動物植物礦物，動物有人類，禽獸，水族，蟲類等具有感情性欲之類，植物乃草木具有繁愆子孫之類，礦物即礦物之類。其中人類的各種機能組織特別靈敏，感情愛欲思考經驗特別發達，故為萬物之靈長，原始時代大概相安無事的，到了文明發達就創了禮教，有了禮教擬將教化使其反璞歸真，創了教條束縛其不致出規守其本分，卻反造成越規了，這禮教包括一切之法律，法律並非道之造化法律，故百密一漏之處在所難免，有的法律是保護帝王萬世千秋不被他人違背而設的，不一定對於人類自由思考有幫助，所以越嚴格越出規，所以古人設禮出有大偽，人類越文明越不守本分，欲望橫飛要衝出自由，自由是萬物之特權之性，因此犯了法律就成犯罪。罪是法沒有自性的，看所犯之輕重論處，或罰款或勞役或坐牢，期間屆滿就無罪了。但犯了公約之法律或逃出法網不被發現，其人必會悔而自責，誓不復犯，那麼此人的心意識就有洗滌潛意識的某程度，此人必定還會死後再生為人，若不知懺悔但心中還常感苦煩，死後一定墮地獄，若犯罪畏罪而逃不敢面對現實，心中恐懼怕人發現，這種心意識死後會墮於畜生道。若人欲望熾盛欲火衝冠，死後必定墮入餓鬼道。若人作善意欲求福報死後會生於天道，人心是不定性的，所以在六道中出歿沒有了時，因為它是凡夫不悟真理才會感受苦境。苦樂感受是三界中事，若果修行悟了道之本體，與道合一入我我入，成為乾坤一人的境界，向下觀此大道即是虛出歿的現象，都是大我的三昧遊戲罷了，能感受所感受的三界都是心，不但三界，十界亦是心，故三界匯納在一心。魑魅魍魎邪精怪是山川木石等孕育天地之靈氣，然後受了動物之精液幻成，受了人之精液即能變為人形，受了猴之精液變猴，其他類推，這種怪物即是魔鬼，它不會因過失而懺悔，任意胡為，它的心是一種執著意識，以其意而幻形，此名意成身，幻形有三條件，一是幽質，二是念朔材質，三是物質，比如說我們要畫圖，在紙上先想所畫之物，這是幽質，未動筆時紙上先有其形了，其次提起鉛筆繪個形起稿，此即念朔材質，次取來彩色塗上，就變成立體之相，幾可亂真了。

喑啞蒙聾殘廢疾，病魔纏縛自迷因，
心生覺了生是佛，心佛未覺佛是生。

人們自出生時或出生了後，罹了喑啞、或眼盲、或耳聾或殘廢疾病，都與前生所作的心識有關，過去世做了令人憤怒而被打了咽喉、或眼目、或殘廢、或致了病入膏肓而死，自己還不能懺悔，心中常存怨恨，這種潛意識帶來轉生，其遺傳基因被其破壞，或在胎內或出生後會現其相。前生若能以般若來觀照五蘊皆空，即可洗滌前愆甚至解縛證道，眾生因不解宇宙真理，執著人法故此也。人們的造惡業亦是心，心生執著而不自覺即迷沉苦海，若果了悟此心本來是佛性，心生迷境而能自覺了，心即回歸本來面目，那個時候迷的眾生就是佛了。這心就是佛，因眾生迷而不覺故佛亦變眾生，是迷悟之一念間，人們應該在心之起念間要反觀自照以免隨波著流。

罪福本空無自性，原來性空無所憑，
我道一覺超生死，慧光朗照病除根。

罪是違背公約的代價，福是善行的人間代價，這都是人我之間的現象界之法，在佛性之中都沒有此物，六道輪迴之中的諸心所法是人生舞台的法，人們只迷於舞台之法，未透視演戲之人，戲是假的演員是真的，任你演什麼奸忠角色，對於演員本身是毫不相關的，現象無論怎麼演變，其本來佛性是如如不動的，所以世間之罪福無自性，原來其性本空，沒有什麼法可憑依。戲劇中之盛衰生死貧富根本與佛性的演員都沒有一回事。《法華經》中的〈譬喻品〉有長者子的寓意故事，有位長者之子本來是無量財富，因出去玩耍被其他的孩子帶走，以致迷失不知回家，成為流浪兒，到了長大還不知其家，亦不認得其父母，父母還是思念，但迷兒流浪了終於受傭於其家為奴，雙方都不知是父子關係，有一天來了一位和尚，是有神通的大德，對其父子說你們原來是父子，那個時候當場互為相認，即時回復父子關係，子就可以繼承父親的財產了。未知之前其子還是貧窮的，了知之後就成富家兒了，故喻迷沉生死苦海的眾生若能被了悟的大德指導，一覺大我之道就超生死迷境了。了生死是瞭解生死之法本來迷境，這了悟就是智慧，智慧之光朗照，即業力的幻化迷境就消失，病魔之根就根除了。

阿字門中本不生，吽開不二絕思陳，
五蘊非真業非有，能所俱泯斷主賓。

阿字門即是涅盤體，是不生不滅的佛性本體，了知諸法自性本空沒有實體，眾生迷於人法，《金剛般若經》中説的四相，我相、人相、眾生相、壽者相，凡夫迷著以為實有，四相完全是戲論，佛陀教吾們要反觀內照，了知現象即實在，要將現象融入真理，我與道同在，我與法身佛入我我入成為不二的境界，這不二的境界是絕了思考的起沒，滅了言語念頭，靈明獨耀之境界，所有的五蘊是假的，這五蘊堅固就是世間所云之靈魂，有這靈魂就要輪迴六趣了，有五蘊就有能思與所思的主賓關係，變成心所諸法而執著，能所主賓斷了，心如虛空，心如虛空故與道合一，即時回歸不生不滅的阿字門。不然的話，迷著於色聲香味觸之法而認為真，故生起貪愛、瞋恚、愚癡等眾蓋佛性，起了生死苦樂感受。諸法是戲論，佛性不是戲論，佛陀教吾們不可認賊為父。

了知三世一切佛，應觀法界性一真，
一念不生三三昧，我法二空佛印心。

應該知道三世一切的覺者是怎樣成佛的。要了知一個端的應觀這法界森羅萬象是一真實的涅盤性所現，這是過去佛現在佛未來佛共同所修觀的方法，一念生萬法現，一念若不生就是包括了無我、無相、無願三種三昧，這種三昧是心空，不是無知覺，是視之不見、聽之不聞的靈覺境界，此乃一真法性當體之狀態，我執法執俱空即是入我我入，佛心即我心，我心即佛心，達到這境界即入禪定，禪是體，定是心不起，二而一，眾生成佛。釋迦拈花迦葉微笑即此端的，因為迦葉等五百羅漢，均是不發大心的外道思想意識潛在，故開了方便手拈畢波羅花輾動，大眾均不知用意，但都啞然一念不生注視著，這端的當體即佛性本來面目，可惜錯過機會，只有迦葉微笑表示領悟，自此別開一門的無字法門禪宗，見了性後不能發大心都是獨善其身的自了漢。

菩薩金剛我眷屬，三緣無住起悲心，
天龍八部隨心所，神通變化攝鬼神。

羅漢在高山打蓋睡，菩薩落荒草，佛在世間不離世間覺，羅漢入定不管世事眾生宛如在高山睡覺，定力到極限的時候就醒來，會起了念頭，就墮下來了，菩薩是了悟眾生本質即佛德，已知迷是苦海，覺悟即極樂，菩薩已徹底了悟了，它就不怕生死，留惑潤生，拯救沉沒海中的眾生，如人已知水性了，入於水中會游泳，苦海變成泳池，眾生是不知水性故會沉溺，菩薩入於眾生群中，猶如一支好花入於蔓草之中，鶴立雞群，一支獨秀。佛世間、眾生世間、器世間，都是法界體性所現，在世間覺悟道理了，就是佛，所以佛在世間並無離開世間。佛是世間眾生的覺悟者，菩薩為度眾生而開方便法門，但有頑固的眾生不受教訓，菩薩就起了忿怒相責罰，這就是金剛，這是大慈大悲的佛心所流露之心所，其體即佛，心王心所是佛之眷屬，這種大慈大悲的教化眾生之心所，是沒有能度所度及功勞的心，無住生心，歸納起來菩薩金剛都是大悲毘盧遮那之心。此心即佛心，要度天或鬼神就變化同其趣。如天要降雨露均沾法界眾生就變天龍，要守護法界眾生就變八部神將，都是大日如來心所所流出的。祂的神通變化是莫測的，不但能度的菩薩金剛，連鬼神之類亦是毘盧遮那普門之一德，普門之多的總和即總持，入了總持即普門之德具備，這總持即是心。

無限色聲我實相，文賢加持重重身，
聽我法句認諦理，一轉彈指立歸真。

心是宇宙心，心包太虛，太虛之中有無量基因德性，無量基因德性即普門，色即現前之法，聲即法相之語，語即道之本體，有其聲必有其物，有其物即有其色相，無限的基因德性，顯現無限不同法相，能認識之本體即佛性智德，顯現法相之理即理德，智德曰文殊，理德曰普賢，法界之森羅萬象即此理智冥加之德，無量無邊之理德及無量無邊之智德，無論一草一木都是此妙諦重重冥加的總和，只是基因德性之不同，顯現之物或法都是各各完成其任務之相。若不如是萬物即呈現清一色、一味、一相，都沒有各各之使命標幟了。這無限無量的基因德性曰功德，這功德都藏於一心之如來藏中，凡夫不知故認後天收入的塵法為真，將真與假合璧，成為阿賴耶識，自此沉迷三界苦海了，人們若果聽了這道理而覺悟，即不起於座立地成佛了。

—完—

附錄三

佛頂尊勝陀羅尼十門法義

附錄三　佛頂尊勝陀羅尼　十門法義

第一門、歸命尊德門

南謨　拔噶瓦迭　答洛嘎雅　巴惹底涉思
查雅　卜達雅　迭納嘛

namo bhagavate，trailokya prativisistaya，
buddhaya bhagavate，

【歸敬　世尊，三世　最殊勝，大覺　世尊，】

第二門、章表法身門

答雅塔　唵

tadyatha，om，

【即說咒曰：皈依（大日如來的法、報、化三身）】

第三門、淨除惡趣門

比勺達雅　比勺達雅，阿薩嘛　薩嘛
薩曼答　阿瓦拔薩，思葩惹納　噶底
噶噶納，娑拔瓦　比秫得，

visuddhaya-visuddhaya，a sama-sama samanta vabhasa，spharana gati gahana，svabhava visuddhe，

【淨除　淨除，受持者　受持者　普遍照耀，】

【舒遍　六趣稠林，自然　清淨，】

第四門、善明灌頂門

阿比辛匝睹滿
蘇噶答　拔惹拔匝納
阿蜜惹以答　阿比涉葛惹，
嘛哈穆答惹　巴得
阿哈惹　阿哈惹，阿由爾悉達惹呢

abhinsincatu mam.
sugata vara vacana.
amrta abhisekai，maha mudre padai
ahara-ahara，ayuh sam-dharani.

【灌頂我等】
【善逝　殊勝言教】
【不死甘露　灌頂，大印　解脫法身真言句】
【唯願攝受　唯願攝受，壽命即是住持】

第五門、神力加持門

勺達雅　勺達雅，噶噶納　比秫得，
烏思尼卡，比雜雅　比秫得
薩哈薩惹　惹思蜜　桑祖地迭
薩爾瓦　答塔噶答　阿瓦洛嘎以呢
沙匝　巴惹蜜答，巴惹以卜惹呢
薩爾瓦　答塔噶答　哈惹以　達雅
阿地思叉納　阿地思豈底
嘛哈穆底惹以，拔雜爾嘎雅，桑哈答納
巴惹以秫得
薩爾瓦　嚩囉拏，嚩耶　落拉誐底，
哈利　比秫得

sodhaya-sodhaya，gagana visuddhe.
usnisa，vijaya visuddhe
sahasra-rasmi，samcodite，
sarva tathagata avalokani，
sat-paramita，paripurani，
sarva tathagata hrdaya，adhisthana，
adhisthita，

maha-mudre. vajra kaya，sam-hatana visuddhe.

sarva varana，apaya-durgati，pari-visuddhe

【淨除　淨除，如虛空清淨】
【佛頂，尊勝清淨】
【十光明，普皆震動】
【一切　如來　睹】
【六度　皆　圓滿】
【一切　如來　心　能　能加持　所加持】
【大印　金剛鉤鎖身清淨，不毀　普遍清淨】
【一切　罣礙，墮險惡趣，邊際遍清淨】

第六門、如來壽量門

巴惹底呢　哇爾答雅，阿由爾　比秫得，
薩嘛雅　阿地思豈底
穆呢　穆呢　嘛哈穆呢

prati-nivataya，ayuh suddhe. samaya
adhisthite.
mani-mani maha mani.

【壽命清淨　轉，行者　壽命清淨，如來誓
願　能加持】
【法寶　法寶　大法寶】

第七門、相應定慧門

答塔答　卜答鉤哳　巴惹以秫得
比思蒲查　卜得秫得
雜雅　雜雅　比雜雅　比雜雅　思嘛惹
思嘛惹

tathata bhutakoti parisuddhe.
visphuta buddhi suddhe.
jaya-jaya，vijaya-vijaya，smara-smara.

【如來大身　真實百億丈夫身　遍滿清淨】
【開現摧碎　覺　淨】
【勝　勝　最勝　最勝　持念　思維】

第八門、供養功德門

薩爾瓦　卜達　阿地思豈底　秫得
拔雜惹以　拔雜惹以　噶爾　陛，
拔雜爾　拔汪睹，嘛嘛　沙惹以喃

sarva buddha adhisthita suddhe.
vajri vajra garbhe，vajram bhavatu，
mama sariram.

【一切　佛　加持　所加持　成就】
【金剛女　金剛　藏，金剛界　聖尊，行者
身體】

第九門、普證清淨門

薩爾瓦　薩埵　喃　匝嘎雅　巴惹以秫得
薩爾瓦　噶底　巴惹以秫得
薩爾瓦　答塔噶答　沙匝滿　薩嘛　娑薩　顏睹
薩爾瓦　答塔噶答　薩嘛　娑薩　阿地思豈迭
卜達雅　卜達雅　悉達雅　悉達雅
播達雅　播達雅　比播達雅　比播達雅
薩曼答　巴惹以秫得

sarva sattvanam ca kaya pari visuddhe.
sarva gati parisuddhe.
sarva tathagata sinca me，samasvasayantu.
sarva tathagata samasvasa adhisthite，
buddhya-buddhya，vibuddhya-vibuddhya，
bodhaya-bodhaya，vibodhaya-vibodhaya.
samanta parisuddhe.

【一切　有情　眾　身　普遍清淨】

【一切　去度　普遍清淨】

【一切　如來　鎮伏　安慰　救濟　慰喻】

【一切　如來　安慰　救濟　能加持】

【正覺心　正覺心　成就　成就】

【覺悟　覺悟　令覺悟　令覺悟】

【遍十方　遍滿清淨】

第十門、即身成就門

薩爾瓦　答塔噶答　哈惹以達雅阿地思叉納　阿地思豈迭　嘛哈穆答惹也　娑巴哈

sarva tathagata hrdaya，adhisthana，adhisthita，maha-mudre svaha.

【一切　如來　心　神力加持　加持清淨　所加持大契印(大解脫)】

【涅槃】

附錄四

佛頂尊勝陀羅尼注義

附錄四　佛頂尊勝陀羅尼注義

大興善寺三藏沙門大廣智不空奉 詔譯

第一門、歸命尊德門

曩謨　婆誐嚩帝

namo bhagavate

【歸命　世尊】

怛路枳也

trailokya

【三世亦三界】

鉢囉底尾始瑟吒野

prativisistaya

【最殊勝】

沒馱也

buddhaya

【大覺者】

婆誐嚩帝

bhagavate

【世尊】

第二門、章表法身門

怛儞也他

tadyatha

【所謂，亦即說】

唵

om

【亦云一切法本不生，亦云三藏，亦云如來無見頂相也】

第三門、淨除惡趣門

尾戍馱也
visuddhaya

【淨除】

尾戍馱也
visuddhaya

【淨除】

娑摩娑摩三滿多　嚩婆娑
a sama-sama samanta vabhasa

【普遍照曜】

娑頗囉拏
spharana

【舒遍】

底誐訶曩

gati gahana

【六趣稠林】

娑嚩婆　嚩尾舜弟

svabhava visuddhe

【自性清淨】

第四門、善明灌頂門

阿毘詵者覩

abhinsincatu mam

【灌頂我等】

素多

sugata

【善逝】

嚩囉嚩者曩

vara vacana

【殊勝言教】

阿蜜哩多(去)毘灑罽

amrta abhisekai

【甘露灌頂，亦云不死句灌頂，露者法身解脱】

阿　訶囉阿訶囉

ahara-ahara

【云唯願攝受，唯垂授攝受，亦云遍攘脱諸苦惱】

阿欲散馱　囉抳

ayuh sam-dharani

【任持受命】

第五門、神力加持門

戍馱也戍馱也

sodhaya-sodhaya

【清淨　修　修】

誐誐曩尾戍第

gagana visuddhe

【如虛空清淨】

鄔瑟膩　沙尾惹也　尾舜第

usnisa，vijaya visuddhe

【佛頂最清淨】

娑訶娑囉　囉濕弭

sahasra-rasmi

【十光明】

散祖儞帝

samcodite

【驚覺】

薩嚩　怛他多　地瑟吒曩　地瑟恥多

sarva tathagata hrdaya，adhisthana，adhisthita

【一切如來神力所加持】

摩訶母捺哩

maha-mudre

【印契，若廣釋，身印語印心印。金剛印，如理趣般若説】

嚩日囉　迦也僧訶多曩　尾舜第

vajra kaya sam-hatana visuddhe

【金剛鉤鎖身清淨】

薩嚩　嚩囉拏　播野訥底　跛哩尾舜弟

sarva varana，apaya-durgati，pari-visuddhe

【一切清淨，一切障者，所謂業障、報障、煩惱障，皆得清淨也】

第六門、如來壽量門

鉢羅底　儞韈多也　阿欲舜　第

prati-nivataya，ayuh suddhe

【壽命增長皆得清淨】

三麼耶　地瑟恥帝

samaya adhisthite

【誓願加持】

麼抳　麼抳　摩訶麼抳

mani-mani maha mani

【世寶法寶，所謂福、德、智慧，三種資糧】

第七門、相應定慧門

怛他多　步多句致　跛哩舜第
tathata bhutakoti parisuddhe

【真如實際，遍滿清淨】

尾薩普吒　沒地舜第
visphuta buddhi suddhe

【顯現智慧清淨】

惹也惹也
jaya-jaya

【最勝最勝，真俗二諦】

尾惹也　尾惹也
vijaya-vijaya

【昧勝勝，悲智二門】

娑麼囉　娑麼囉
smara-smara

【念持定慧相】

第八門、供養功德門

薩嚩　沒馱　地瑟恥多　舜第

sarva buddha adhisthita suddhe

【入而佛加持清淨】

嚩日

vajri

【菩提心堅固如金剛也】

嚩日囉陛

vajra garbhe

【證金剛藏】

嚩日覽　婆嚩覩

vajram bhavatu

【願成金剛】

麼麼設哩嚂

mama sariram

【或誦，或為他念誦，稱彼名字】

第九門、普證清淨門

薩嚩薩怛嚩難　者　迦也　尾舜弟
sarva sattvanam ca kaya pari visuddhe

【一切有情身清淨】

薩嚩底跛哩舜第
sarva gati parisuddhe

【一切趣皆清淨】

薩嚩　怛他多　三麼濕嚩　娑地瑟恥帝
sarva tathagata samasvasa adhisthite

【一切如來安慰命得加持】

沒冐馱也　沒冐馱也
vibuddhya-vibuddhya

【令悟能覺，令悟能覺】

三滿多　跛哩舜第
samanta parisuddhe

【普遍清淨】

第十門、即身成就門

薩嚩　怛他多　地瑟馱曩　地瑟恥多

sarva tathagata hrdaya，adhisthana，adhisthita

【一切如來神力所加持】

摩訶母怛

maha-mudre

【大印。所謂大印，由入毘盧遮那曼荼羅，受灌頂已後，灌頂師受得本尊瑜伽三摩地。觀智一念淨心，瑜伽相應行者本尊心等同毘盧遮那及諸菩薩，能現入相成道，速證薩婆若智也】

娑嚩訶

svaha

【娑嚩訶者，涅槃義。所謂四涅槃：一、自性清淨涅槃；二、有餘依涅槃；三、無餘依涅槃；四、無住處涅槃】

如上所譯，唐梵相對，顯句標釋。

寶永二年(乙酉)冬十二月十三日以如來藏本書寫竟

兜率谷　雞頭院　闍梨　嚴覺

享保三歲戊戌九月令　得忍寫校正了

慈泉

文政六年癸未六月　以東叡山真如院本令他寫自校之了

龍肝

附錄五
佛頂尊勝陀羅尼注音

附錄五　佛頂尊勝陀羅尼注音

1. 南謨　拔噶瓦迭　答洛嘎雅　巴惹底　比涉思查雅　卜達雅　迭納嘛
namo bhagavate，trailokya prativisistaya，buddhaya bhagavate，

2. 答雅塔　唵
tadyatha，om，

3. 比勺達雅　比勺達雅，阿薩嘛　薩嘛　薩曼答　阿瓦拔薩，
visuddhaya-visuddhaya，a sama-sama samanta vabhasa，
思葩惹納　噶底　噶噶納，娑拔瓦　比秫得，
spharana gati gahana，svabhava visuddhe，

4. 阿比辛匝睹滿

abhinsincatu mam.

蘇噶答　拔惹拔匝納

sugata vara vacana.

阿蜜惹以答　阿比涉葛惹，嘛哈穆答惹巴得

amrta abhisekai，maha mudre padai

阿哈惹　阿哈惹，阿由爾悉達惹呢

ahara-ahara，ayuh sam-dharani.

5. 勺達雅　勺達雅，噶噶納　比秫得，

sodhaya-sodhaya，gagana visuddhe.

烏思尼卡，比雜雅　比秫得

usnisa，vijaya visuddhe

薩哈薩惹　惹思蜜　桑祖地迭

sahasra-rasmi，samcodite，

薩爾瓦　答塔噶答　阿瓦洛嘎以呢

sarva tathagata avalokani，

沙匝　巴惹蜜答，巴惹以卜惹呢。

sat-paramita，paripurani，

薩爾瓦　答塔噶答　哈惹以　達雅
阿地思叉納　阿地思豈底
sarva tathagata hrdaya，
adhisthana，adhisthita，
嘛哈穆底惹以，拔雜爾嘎雅，桑哈答納
　巴惹以秫得
maha-mudre. vajra kaya，sam-
hatana visuddhe.
薩爾瓦　嚩啰拏，嚩耶　落拉誐底，
哈利　比秫得
sarva varana，apaya-durgati，
pari-visuddhe

6. 巴惹底呢　哇爾答雅，阿由爾　比秫得，
薩嘛雅　阿地思豈底
prati-nivataya，ayuh suddhe.
samaya adhisthite.
穆呢　穆呢　嘛哈穆呢
mani-mani maha mani.

7. 答塔答　卜答鉤哳　巴惹以秫得

tathata bhutakoti parisuddhe.

比思蒲查　卜得秫得

visphuta buddhi suddhe.

雜雅　雜雅　比雜雅　比雜雅　思嘛惹　思嘛惹

jaya-jaya，vijaya-vijaya，smara-smara.

8. 薩爾瓦　卜達　阿地思豈底　秫得

sarva buddha adhisthita suddhe.

拔雜惹以　拔雜惹以　噶爾　陛，

拔雜爾　拔汪睹，嘛嘛　沙惹以喃

vajri vajra garbhe，vajram bhavatu，mama sariram.

9. 薩爾瓦 薩埵 喃 匝嘎雅 巴惹以秫得

sarva sattvanam ca kaya pari visuddhe.

薩爾瓦 噶底 巴惹以秫得

sarva gati parisuddhe.

薩爾瓦 答塔噶答 沙匝滿 薩嘛 娑薩 顏睹

sarva tathagata sinca me，samasvasayantu.

薩爾瓦 答塔噶答 薩嘛 娑薩 阿地思豈迭

sarva tathagata samasvasa adhisthite，

卜達雅 卜達雅 悉達雅 悉達雅

buddhya-buddhya，vibuddhya-vibuddhya，

播達雅 播達雅 比播達雅 比播達雅

bodhaya-bodhaya，vibodhaya-vibodhaya.

薩曼答 巴惹以秫得

samanta parisuddhe.

10. 薩爾瓦　答塔噶答　哈惹以達雅
阿地思叉納　阿地思豈迭　嘛哈穆答
惹也
s a r v a　t a t h a g a t a　h r d a y a，
adhisthana，adhisthita，maha-
mudre
娑巴哈
svaha.

智理文化系列

真言宗本尊法三十日談

作者

玄覺

編輯

玄蒔

美術統籌

莫道文

美術設計

曾慶文

出版者

資本文化有限公司

地址：香港中環康樂廣場1號怡和大廈24樓2418室
電話：(852) 28507799
電郵：info@capital-culture.com
網址：www.capital-culture.com

鳴謝

宏天印刷有限公司

地址：香港柴灣利眾街40號富誠工業大廈A座15字樓A1, A2
電話：(852) 2657 5266

出版日期

二〇二一年七月第一次印刷

ISBN 978-988-79157-6-8
Published in Hong Kong